高等职业教育通识类课程新形态教材

信息时代美育之道

主　编　刘宏宇　黎　娅
副主编　邓　裴　刘凤梅　任　乐　黄婧雯

中国水利水电出版社
www.waterpub.com.cn
·北京·

内 容 提 要

《信息时代美育之道》以信息时代为背景，依托计算机大类专业，探索美育之道。本书通过三个章节讲述如何在计算机文化背景下发掘美。第 1 章为发现美，此章从平面美学、立体美学、视听美学、科技美学几个角度讲述如何发现美；第 2 章为欣赏美，此章主要从视听和建筑两大领域提取经典案例进行分析，旨在提升学生欣赏美的能力；第 3 章为设计美，此章主要围绕人工智能与大数据时代下的美学探索展开，结合信息时代的技术载体，剖析美的运用方法与呈现方式。

图书在版编目（CIP）数据

信息时代美育之道 / 刘宏宇，黎娅主编. -- 北京 ：中国水利水电出版社，2022.4
高等职业教育通识类课程新形态教材
ISBN 978-7-5226-0515-9

Ⅰ. ①信… Ⅱ. ①刘… ②黎… Ⅲ. ①美育－高等职业教育－教材 Ⅳ. ①G40-014

中国版本图书馆CIP数据核字(2022)第032066号

策划编辑：寇文杰　责任编辑：周春元　加工编辑：杜雨佳　封面设计：梁　燕

书　名	高等职业教育通识类课程新形态教材 信息时代美育之道 XINXI SHIDAI MEIYU ZHI DAO
作　者	主　编　刘宏宇　黎　娅 副主编　邓　裴　刘凤梅　任　乐　黄婧雯
出版发行	中国水利水电出版社 （北京市海淀区玉渊潭南路 1 号 D 座 100038） 网址：www.waterpub.com.cn E-mail：mchannel@263.net（万水） sales@mwr.gov.cn 电话：（010）68545888（营销中心）、82562819（万水）
经　售	北京科水图书销售有限公司 电话：（010）68545874、63202643 全国各地新华书店和相关出版物销售网点
排　版	北京万水电子信息有限公司
印　刷	天津联城印刷有限公司
规　格	184mm×260mm　16 开本　11.75 印张　257 千字
版　次	2022 年 4 月第 1 版　2022 年 4 月第 1 次印刷
印　数	0001—3000 册
定　价	49.00 元

前　言

2019 年教育部发布的《关于切实加强新时代高等学校美育工作的意见》中指出：“美是纯洁道德、丰富精神的重要源泉。学校美育是培根铸魂的工作，提高学生的审美和人文素养，全面加强和改进美育是高等教育当前和今后一个时期的重要任务。党的十八大以来，我国高校美育工作取得可喜的进展，美育的育人导向更加凸显，结构布局不断优化，课程建设稳步推进，美育活动丰富多彩，资源保障持续向好。但是，高校美育工作与当前教育改革发展的要求还不相适应，与构建德智体美劳全面培养的育人体系还不相适应，与满足广大青年学生对优质丰富美育资源的期盼还不相适应。”在此背景下，编者萌生了针对高职院校计算机大类专业学生开展美育工作的想法，由此编写此书，希望也能对其他院校产生一定助力。

本书从平面、立体、材料、视听、数字媒体多个层面出发，带领学生体会美的由来、美的发现以及美的运用，希望能引导学生将美的理念融入其他专业课，启发学生的创新思维。

编　者

2022 年 1 月

目　录

第 3 章　设计美

第 1 章　发现美

引言　美学与美育

一、美学是什么?

1. 美学是一门研究审美现象的综合性人文学科

美学是一门综合性的人文学科，其综合性是因为美学和其他学科有着紧密的联系，我们不能孤立地研究美学。纵观历史，我们发现美学、哲学、艺术、科学等都是相互影响的，美学和很多学科都存在交叉、渗透、影响和综合的关系。

2. 美学的研究对象

第一，美学主要是研究美和美的规律。

古希腊大哲学家柏拉图在《大希庇阿斯篇》中，曾通过一段与希庇阿斯的对话表达了对美的看法，其以苏格拉底的名义提出“美是什么”的问题，希庇阿斯回答道：“美就是一个漂亮的女人。”柏拉图认为希庇阿斯的回答是将美和美女等各种各样具体的美的事物混为一谈了。他所说的“美是什么”这个问题，主要是想问“美本身”是什么，并不是这些美的具体事物。柏拉图想要超出这些具体事物去寻找美本身，他认为存在着这样一种美本身，美的事物之所以美是因为它们“分有”了美本身。这个美本身是最高的美，所有美的源头都在它那里。柏拉图在这一段对话中表达了对美的看法：“使美的事物能够成为美的事物的那个东西，才是美本身。”

第二，美学是研究艺术的学科。

这个思想来源于德国古典美学的集大成者黑格尔。在黑格尔的美学体系中，虽然也研究美的本质但只是指艺术美，在他看来，自然美缺少精神性，因而不是美学研究的对象。

第三，美学是研究审美经验和审美心理的学科。

在此层面，美学的研究对象又分为两种。

一种认为美学研究审美经验，这种观点的主要代表人物有维特根斯坦、杜威、李泽厚。他们的观念是将人的审美感受、感情、体验等主观方面作为美学研究的对象。这实际上把美学研究的重点转向于人们的审美经验。杜威在《艺术即经验》一书中将审美经验作为研究对象，重点阐述了艺术与经验之间的关系。李泽厚认为美学是一种以美感经验为中心去研究美和艺术的学科。

另一种认为审美心理活动是美学主要研究对象，其比审美经验更深一层。这种观点也是主要偏重于主观方面，它所关注的问题主要是“美感在心理上是怎么产生的”“审美经验是怎样一种心理活动”等，主要从心理学角度研究审美经验，重点研究产生这些经验的心理基础和根源。代表人物是费希纳、荣格、弗洛伊德等。

第四，美学的研究对象是人和现实之间的关系。

这种观点重点考察人和现实世界所形成的种种复杂关系中的审美关系。此观点认为美学应该在人和世界的关系中研究，而前面三种观点分别单纯研究主体或者客体，都有片面性，第四种观点则把重点放在研究主客体之间的审美关系上面。代表人物是我国美学家蒋孔阳。

我国美学家蒋孔阳的晚年著作《美学新论》中，提出美学的根本问题和出发点是研究人对现实的审美关系。因为人总是生活在与现实世界构成的各种各样错综复杂的社会关系中间，任何现实世界可以在各个方面、各个层次发生复杂、交叉的关系，如经济的、政治的、法律的、物质的、精神的、认识的、伦理道德的关系等，其中有一种关系是一种特殊关系，那就是审美关系。审美关系是一种精神上的超越，比如在欣赏一幅画作（图1-1）时，我们只是欣赏画的美，而不会对画上的食物产生食欲，否则就是从审美关系回到了实用关系之中，就没有了超越性。

图 1-1　静物水粉画

二、美育是什么?

1. 中国美育思想的基本历史线索

首先是远古时代，尧舜禹时期便有了以乐感化的传统。西周时期，学校的教育里面便纳入了礼乐。到了先秦儒学这一阶段，不得不提到创作于西汉时期的《乐记》，其总结了先秦时期儒家的音乐美学思想，是先秦儒学的美学思想的理论著作。此外，西汉思想家、政治家、教育家董仲舒认为艺术有一个很重要的特征，那便是“潜移默化”。不一定是在学堂教育中普及诗书礼乐，在日常教育中也可以进行普及教育，从点点滴滴中达到一种熏陶的作用。建安时期，徐幹首次提到了“美育”一词:“美育群材，其犹人之于艺乎？”魏晋时期的美育逐渐与道德教化呈现出不同的风貌，主要原因来自当时的政治、经济状况发生了巨大变化。宋代理学家朱熹，将美育目标的实现称为“消融渣滓”，他在解释孔子的“成于乐”时指出乐教的作用在于“消融渣滓”。明清时期的美育思想主要体现在当时的小说、论著、戏曲之中，比如金圣叹强调“见文观心”的观点；李渔强调戏曲之情、文、风兼备有益于道德教化。要想了解明清时期的美育思想内涵，可以扎根于当时的文艺创作之中。

案例 1：蔡元培的美育观。

蔡元培是近代将“美育”一词引入中国的第一人。他认为陶冶人的感情是推行美育的主要目的，他提出了“以美育代宗教”的主张，将美育的价值提升到了一定高度。蔡元培认为宗教是强制性的、保守的，并且有一定的界限，而美育是自由的、进步的，可以普及大众。美育可以提升人的修养境界、人生价值，还可以激发人们的创造力。

案例 2：梁启超的美育观。

梁启超是中国近代美育思想的另一位先驱者。他提出了“趣味教育”，明确了文学、美术、音乐是提升人们审美的有效途径。梁启超认为，做一个合格的人最重要的是情感和精神，而美育可以通过情感感化他人，提升个人品格。

案例 3：王国维的美育观。

王国维将美育纳入“四育”之中，与德、智、体并列。他认为大家都知道德育与智育的重要性，但是不甚了解美育，美育可以带领人们进入自己内心的纯洁之域。王国维认为美育能陶冶人的性灵，丰富人的情感，培养人的审美鉴赏能力和创造力，并且美育还能作为德育、智育的手段，促进德育和智育的实施与发展，进而促使培养精神和身体和谐发展的“完全之人物”。

2. 西方美育思想的基本历史线索

西方最早明确谈到审美教育的是柏拉图。而后，亚里士多德、贺拉斯等在美育的道路上逐渐形成自己的观点，亚里士多德继承了柏拉图的美育观，贺拉斯提出了著名的“寓教于乐”的原则，定义了文艺的功能。中世纪时，美育融入宗教范畴，宗教与美育并行发展，但在中世纪末期，但丁又将美育指引回“寓教于乐”的思想。文艺复兴时期，人文主义精神广泛普及，逐渐取代神学观念。1795 年，席勒第一次提出“审美教育”的概念，并对美育的性质、特征和社会作用做了系统的描述。到了 19 世纪，马克思认为培养全面发展的人是美育的终极目的。他认为美育主要是培养出懂得艺术和能够欣赏美的大众。

案例：席勒的美育观。

席勒从哲学的高度解释审美教育不同于其他教育形式的独特目的，并把审美教育的目的与审美活动的性质内在地统一了起来。他明确揭示了审美教育的价值是完满人性，并回答了完满人性的方式——人性统一的根据就在于自身。

3. 美育的内涵

对美育的内涵有三种主要看法。一是认为美育是人格教育。这一看法主要认为美育是运用艺术美、自然美、生活美培养学生的正确审美意识，依托其健康的审美情趣和感受美、鉴赏美、创造美的能力去塑造健全的人格和健康的个性。例如，在学校里，通过营造美的环境、构建美的课堂、开展美的活动来培养学生健全的人格。二是认为美育是情感教育。这一看法主要是站在陶冶情感的层面来审视美育的，希望通过美育促进学生的感知能力、思维能力的发展，促使其形成创新精神和技术意识，使学生全面发展。三是认为美育是艺术教育。这一看法主要指通过艺术进行美育。但是艺术教育只是美育的一部分，因为美育要通过各种艺术以及自然界和社会生活中美好的事物来进行，我们不能排除自然审美现象与社会审美现象在美育中的作用，忽略审美教育更深刻的目的和更高远的价值追求。因此不能将美育等同于艺术教育。

4. 美育的目的

美育是一种特殊的人生境界的教育，审美教育的最高目的就是造就审美的人。例如：同学们在学习自己的专业领域知识的同时，能够创造出具备美的特点的作品。

第 1 讲　平面美学——装饰艺术

一、平面构成法则

此处所讲的平面构成法则主要是针对形式美法则来探讨的。那么什么是形式美呢？

美的主要形式为秩序、匀称与明确。一个美的事物的各部分应有一定的安排，而且它的体积也应有一定的大小，因为美要依靠体积与安排，美必须具有特定的感性形式。例如一张小小的邮票的样式、一辆汽车的造型、一座房屋的设计、一座城市的环境规划、一套服装的款式（图 1-2）。

图 1-2 服装设计手稿

平面构成法则包括对比与统一、对称与均衡、节奏和韵律、比例与分割。

1. 对比与统一

（1）对比在造型艺术和设计艺术中是普遍存在的，其存在于所有形态构成当中，如图 1-3 所示。

图 1-3 大小对比、胖瘦对比、形态对比

通过对比的视觉效果我们能感觉到一种画面变化，对比是构图中最活跃的、最积极的形式之一。由这些对比因素所产生的变化可以取得醒目、生动、突出、律动、呼应和明朗化的视觉效果，如图 1-4 所示。

图 1-4　对比效果海报设计案例

对比构成的形式包括疏密、大小、空间、明暗，如图 1-5 至图 1-9 所示。

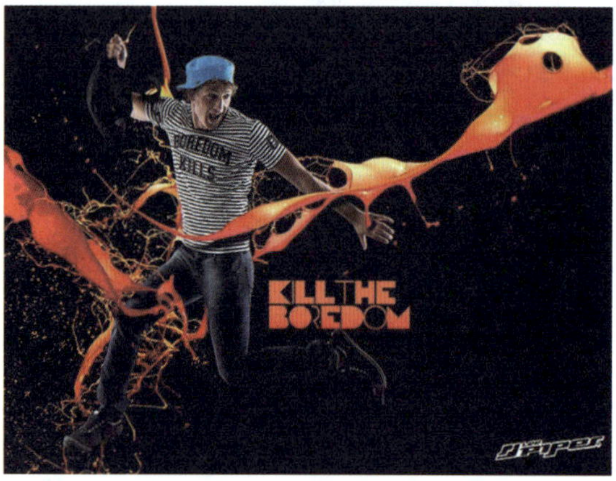

图 1-5　疏密对比海报设计案例

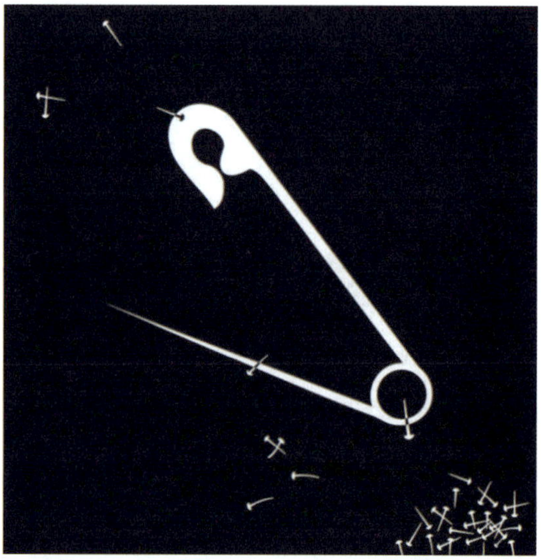

图 1-6　大小、疏密、空间对比海报设计案例

图 1-7　空间对比海报设计案例

图 1-8　空间对比平面构成图案例

图 1-9　色彩、明暗对比海报设计案例

（2）统一指由某种性质相同或相似的事物要素为了某种目的而组合在一起形成某种一致性的规范形式。统一是寻求事物之间的内在联系、共同点或共有特征。统一案例如图 1-10 所示。

图 1-10 生活中的“统一”案例

变化与统一又称多样统一，是形式美的基本规律，如图 1-11 所示。

图 1-11 统一中又存在变化的案例

2. 对称与均衡

（1）对称是物体或图形在某种变换条件（例如绕直线的旋转、对于平面的反映等）下，其相同部分间有规律重复的现象，即在一定变换条件下的不变现象。

对称是通过形式上的相等、相同或相似给人以严谨、庄严的感觉，是一种物理性的等量排列，如图 1-12 和图 1-13 所示。

图 1-12　左右对称家居设计案例

图 1-13　对称式布局案例

（2）均衡指布局上的等量不等形的平衡。均衡与对称本不是一个概念，但两者具有内在的同一性——稳定。稳定感是人类在长期观察自然中形成的一种视觉习惯和审美观念。均衡是心理上的平衡感，是一种心理体验，如图 1-14 至图 1-16 所示。

图 1-14　均衡效果平面构成图案例

图 1-15　均衡效果海报案例 -1

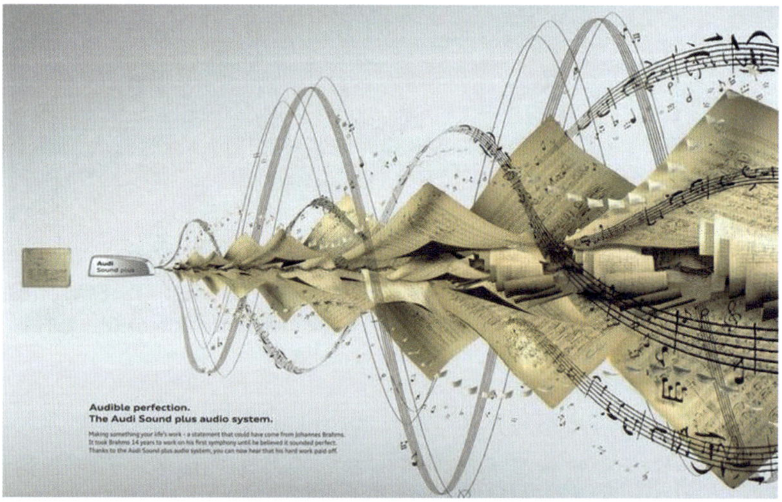

图 1-16　均衡效果海报案例 -2

3. 节奏和韵律

在版面构成中，节奏和韵律指的是同一图案在一定的变化规律中，重复出现所产生的运动感。由于节奏和韵律有一定的秩序美感，因此在生活中得到了广泛的应用，如图1-17所示。

图 1-17　生活中的节奏和韵律

在设计中，节奏和韵律包含在各种构成形式中，其中最为突出的是“渐变构成”和“放射构成”两种形式。图1-18中，这些采用渐变形式构成的建筑结构具有很强的节奏感和韵律美。

图 1-18　建筑设计中的节奏和韵律

依据近大远小的透视原理，将基本形作大小序列的变化，给人以空间感和运动感，如图1-19至图1-21所示。

图 1-19 近大远小的空间效果案例

图 1-20 桥梁透视效果案例 -1

图 1-21 桥梁透视效果案例 -2

4. 比例与分割

比例是指长、宽之间数值的对比关系，在造型艺术中通常指部分与整体，或部分与部分之间的数量关系，一般体现在面积比例和长度比例方面。

分割是指对画面进行的切分。最常提到的便是黄金分割。最基本的美的黄金分割线的比例为 1:0.618（图 1-22），希腊神庙的屋顶与它的柱子就遵循黄金分割。漂亮的五角星的各部分之间都遵循黄金分割，图 1-23 中，五角星内 AB:BD 或者 AC:AD 或者 BC:CD 都遵循黄金分割。其他黄金分割案例如图 1-24 和图 1-25 所示。

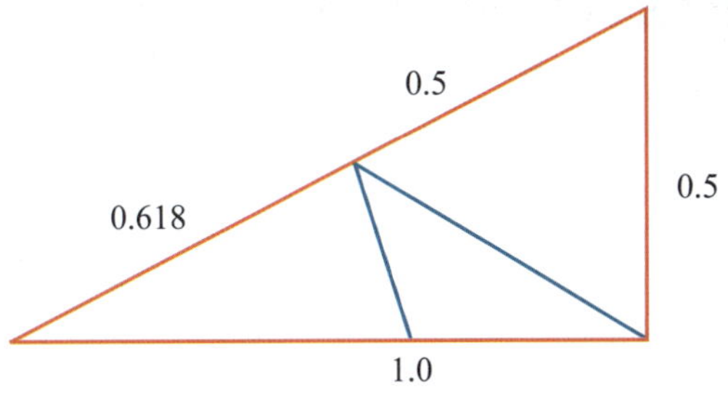

图 1-22 黄金分割线的比例 1:0.618

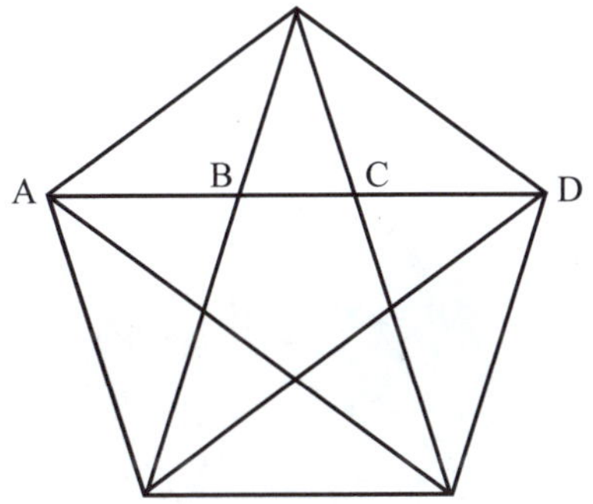

图 1-23 五角星的黄金分割

图 1-24 摄影图的黄金分割

图 1-25　建筑的黄金分割

二、色彩设计

1. 基本知识

在美术上，将红、黄、蓝称为三原色（原色）。我们通过色相环看出三原色可以衍生出多样色彩，如图 1-26 所示。在色彩中，将色彩的相貌称为色相；将色彩的鲜艳程度，即纯度、彩度称为饱和度；将色彩的黑白明暗程度称为亮度。色相、饱和度、亮度如图 1-27 所示。在色彩中还有一些基本概念，如类似色、相近色、补色、对比色等，如图 1-28 所示。

图 1-26　色相环

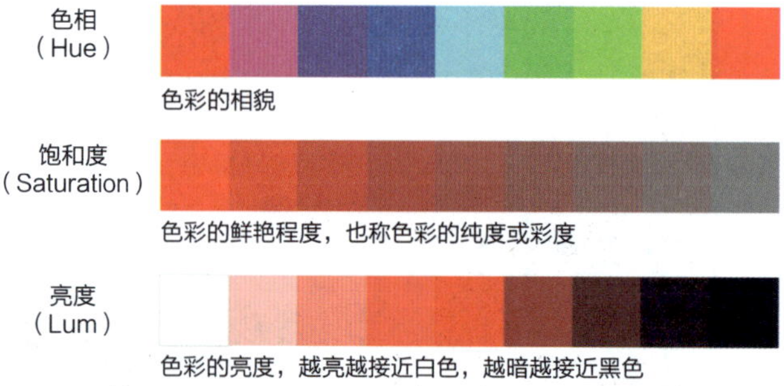

图 1-27　色相、饱和度、亮度

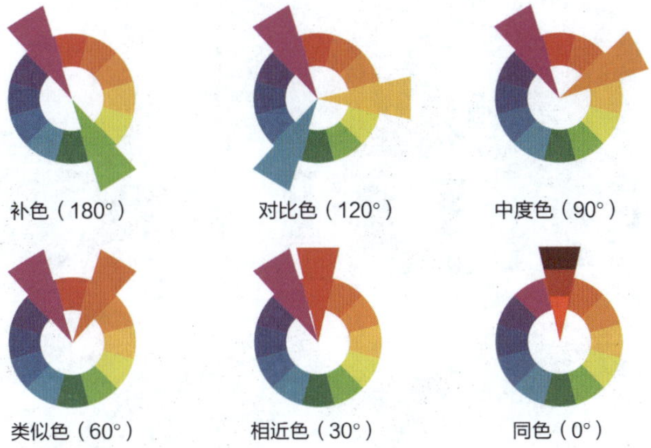

图 1-28 色彩基本概念

除此之外，色彩可以分为无色彩（白、灰、黑）与有色彩（红、橙、黄、绿等）两大类别，如图 1-29 所示。

图 1-29 无色彩与有色彩

无色彩与有色彩搭配在一起，可以使图像中的重点更加突出，对比更加强烈，如图 1-30 和图 1-31 所示。

图 1-30 无色彩与有色彩搭配案例 -1

图 1-31 无色彩与有色彩搭配案例 -2

根据人们的心理和视觉判断，色彩有冷暖之分，可分为三个类别：暖色系（红、橙、黄）、冷色系（蓝、绿、蓝紫）、中性色系（黑白灰或介于冷暖之间的颜色），冷暖色的区分如图 1-32 所示。值得注意的是，冷暖是相对的，而不是绝对的。冷暖图片对比如图 1-33 所示。

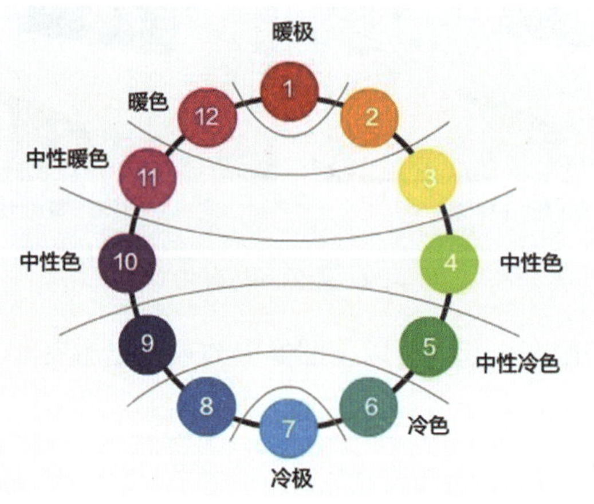

图 1-32 冷暖色区分

图 1-33 冷暖图片对比

2. 色彩搭配要点

（1）近似色搭配。如图 1-34 所示，色相环上邻近的两种色彩为近似色，如黄色和绿色等。图 1-35 和图 1-36 为近似色搭配案例。

图 1-34 近似色

图 1-35 近似色搭配案例 -1

图 1-36 近似色搭配案例 -2

（2）对比色搭配。色相环上相距 120 度到 180 度之间的两种颜色称为对比色，如黄色和蓝色等，如图 1-37 所示。对比色搭配案例如图 1-38 和图 1-39 所示。

图 1-37 对比色

图 1-38 对比色搭配案例 -1

图 1-39 对比色搭配案例 -2

（3）互补色搭配。补色是指在色谱中一原色和与其相对应的间色之间所形成的互为补色关系。在色相环中呈 180 度的两种色为互补色，如图 1-40 所示。例如，红与绿、黄与紫、蓝与橙就是互为补色的关系，如图 1-41 所示。互补色搭配案例如图 1-42 所示。

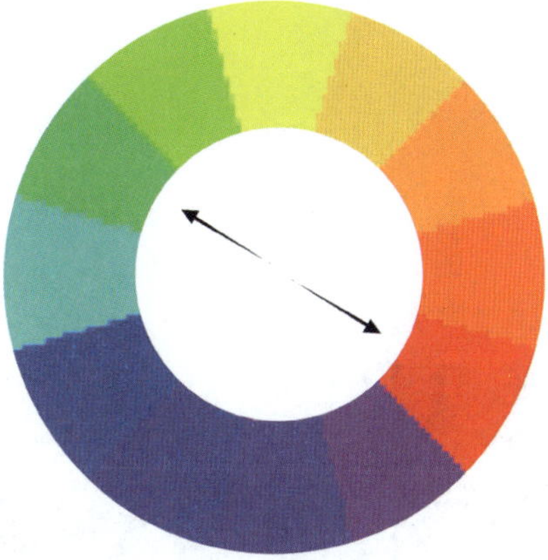

图 1-40　互补色

图 1-41　互补色举例

图 1-42　互补色搭配案例

（4）同色系搭配。同色多为同一种颜色的不同明度，如图 1-43 所示。同色系搭配案例如图 1-44 和图 1-45 所示。

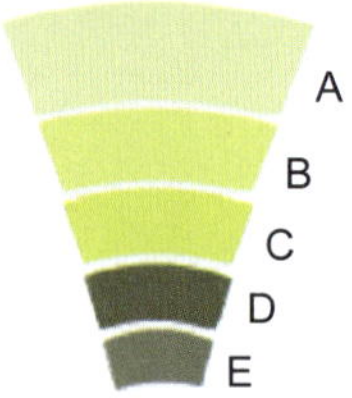

图 1-43　不同明度的同色系

图 1-44　生活中的同色系搭配案例

图 1-45　同色系包装设计案例

思考与讨论

1．请谈一谈美学是什么。
2．请谈一谈美育是什么。
3．平面构成的形式美法则有哪些？
4．色彩搭配要点有哪些？

第2讲　立体美学——综合材料

一、立体构成元素

立体构成作为研究形态创造与造型设计的独立学科，其特点是以实体的有限定范围的空间，构建新的环境、新的视觉产物。由此，人们给它定义为“空间艺术”。立体构成应用于建筑设计、商品、产品、工业设计等。立体构成的主要元素包括点、线、面、体。

1．立体构成中的点元素

（1）点的形态特征。点具有聚焦感和空间感。如图 1-46 所示，我们可以将中间的圆球、圆球下面的立方体看作一个圆点，当视线聚焦到某个物体上面时，我们的视觉意识便会把它看作一个点，这便是点的聚焦感。通常情况下，视觉最容易聚焦的点就是画面的重点。

图 1-46　点的聚焦感

如图 1-47 所示，小球的位置不同，带来的视觉感受不一样，越往下的小球越让人觉得它在往下落，有一种重量的感觉。因此可以发现，小球在视觉上发生了位移的同时，其在空间里产生了强烈的运动感，即空间感。

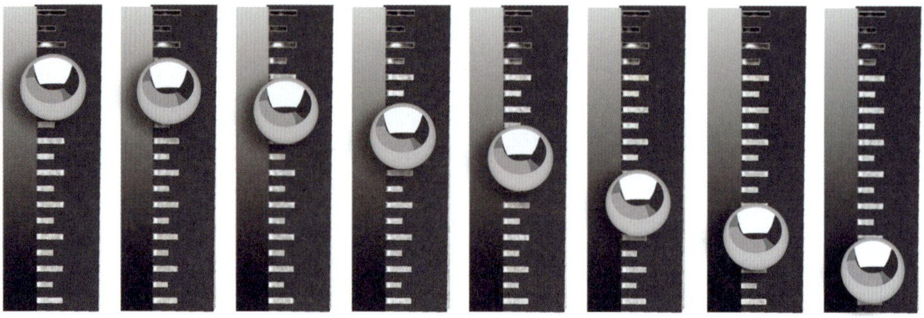

图 1-47　点的空间感

（2）点的立体构成方法。

1）重复点的构成。重复点的构成就是指将某一元素复制运用，当该元素积累到一定数量时，可以产生复杂多样的视觉效果，往往数量越多给人感觉越是震撼。如图 1-48 所示，有数不清的灯笼，挂在街道上，重复而又有规则的排列，让人感觉很有延伸感和体量感，非常震撼。虽然灯笼样式一样，但是放到这样的环境之中，不会让人觉得很单调，反而呈现出一定的变化效果。

图 1-48　红灯笼形成的重复点

2）连续点的构成。

连续点的构成是指点通过并列、连续的方式进行分布，排列出一种具有秩序感的轨迹，从而产生一种线性的视觉效果。这种点的构成方式可以引导人的视觉跟随其排列的轨迹移动。重复点和连接点都是点的复制排列，但是区别在于，连续点的排列轨迹有序，而重复点可以是任意位置的复制展示。如图 1-49 所示的作品，南瓜造型上面的点的轨迹排列有序，形成线性形状，但点大小不一，这些点很好地装饰了南瓜，让其看起来具有立体空间感。

图 1-49 南瓜上的连接点

3）聚集点的构成。不同于前两种构成方式，聚集点的构成能够形成更为生动的立体形象。简单来说，聚集点的构成是利用无数的点聚集在一起，从而堆叠形成的一种形象，无数的点由于数量和密度的变化能够给人带来强大的三维空间立体感。

图 1-50 聚集的点

在图 1-50 中，左图是由大量的点聚集在一起，形成的一只狐狸的形态，由于点非常多，因此其看起来效果非常细腻。右图是常见的水晶吊灯，它是由多个水晶球组成的，虽然没有狐狸那么强的密度，但是看起来简单大方。

2. 立体构成中的线元素

（1）线的形态特征。在视觉艺术中，线是有粗细、浓淡和曲直的区别的，一般情况下我们看到的线都是由直线和曲线组合、变化而来的。直线表达静，曲线表达动，不同的线能传达不同的感受。

图 1-51 所示两座建筑中，左图为上海世博会英国馆设计图，右图为流线型的足球馆设计图，左图主要是用直线组合形态，而右图则使用曲线造型。左图给人一种硬朗、坚实的感觉，而右图则给人一种动感十足、充满活力的感觉。由此可见，直线和曲线在视觉和感觉上能带来不同的视觉效果和情绪变化。

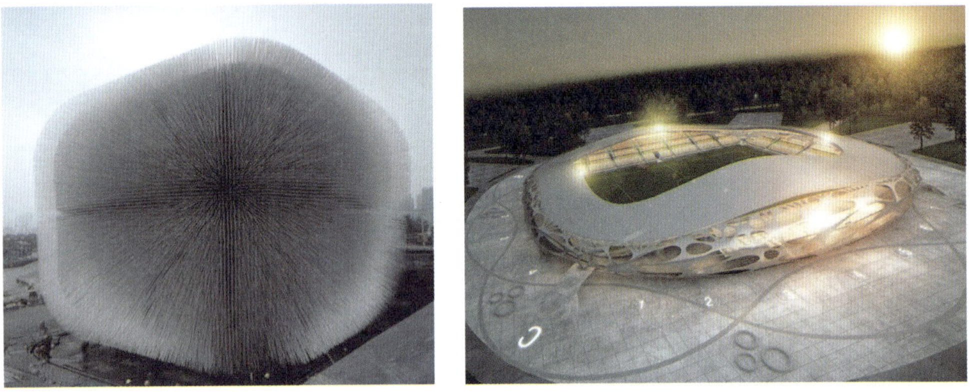

图 1-51　线的形态特征

（2）线的立体构成方法。不同材质的线可以创造出不同感觉的作品。如图 1-52 所示，同样的蜻蜓主题，上图看起来比较轻盈，下图则看起来有一定的重量感，并且给人一种清新的感觉。

图 1-52　不同材质的线

1）线框构成。线框构成就是运用线状的物体组合形成一种新的作品。在日常生活中，我们随处可见线框构成作品。如图 1-53 所示，左图是一个线框结构的桌子，呈几何形，稳稳支撑着桌面，造型简约有设计感。右图是一个钢丝材料的线框构成作品，手法比较随意，但是感觉十分轻巧，有手工感和独特性。

图 1-53 线框构成

2）线层构成。线层构成指的是通过上下、左右等层次变化，形成一个具有层次感的构成品。如图 1-54 所示，左图中的人物头像采用了白色纸作为素材，宽窄有度，粗细有形，以线的形式进行了层层重叠和拼凑，形成了独特的造型，富有个性；右图是来自大自然的作品，层层叠叠的梯田非常具有层次感，梯田边缘以线的形式错落有致、绵延起伏地变化着，形成一道美丽的风景线。

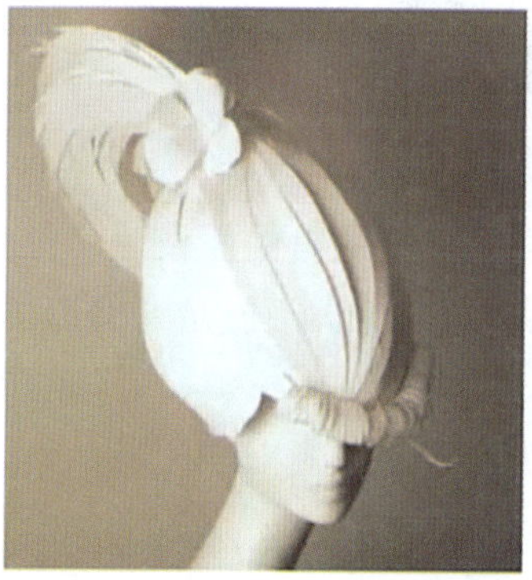

图 1-54 线层构成

3）软线构成。软线构成又称为软质线材的构成。软质线材具有较好的柔韧性和可塑造性，但受到自身支持力的限制，因此通常要依附于其他材料进行搭配和组合。如图 1-55 所示，左图的作品的亮点在于使用五彩缤纷的彩色软线随意堆叠成头发形态，无序的感觉恰好营造出蓬松的画质，充满了青春气息和无限活力。中间图的作品是使用柔软的棉线缠绕出场景及人物，绵软的质地加上温暖的颜色，给人带来温馨美好的感觉。右图的作品是将软质棉线固定在钉子上形成的一种具体形态，该作品不仅富有柔和感，同时还给人以曲直有度的感觉，疏密有致的架构凸显出线性材料构成的优势和趣味。

图 1-55　软线构成

3. 立体构成中的面元素

（1）面的形态特征。面的形态一般呈现为几何形、自然形、直线形等。有规则形态也有不规则形态，可以单一存在，也可以重叠。图 1-56 中的作品即由多种形态的面组合而成。

图 1-56　面的形态特征

面随处可见，点、线的组合可以成面。图 1-57 中的面是典型的自由面设计，自由面的主要特点就是由多个重叠的面组合而成的一个立体形态，这个立体形态是偶然形成的，看起来比较轻快。

图 1-57　自由面组成苹果形态

（2）面的立体构成方法。面的立体构成主要是以层面构成和曲面构成两种形式进行展示，面的组合可以产生丰富的肌理效果。如图 1-58 所示，原本是一张普通的白纸造型，但是赋予了凹凸褶皱后，便形成了复杂的肌理效果，有明有暗、疏密相间，使得白纸的立体效果非常明显。

图 1-58　面的立体构成

1）层面构成。层面构成类似于线层构成，都是通过一层一层交叠组合成新的作品。如图 1-59 所示，从左至右来看，左图采用的层叠方式，通过前后交叠、上下错位，构成一幅具有凹凸效果的画面，立体感十足。右图是一张室内的吊顶效果图，层面根据屋顶的凹凸结构转折，在整个立体三维空间里面形成了不同维度的面。

图 1-59　层面构成

2）曲面构成。曲面是指线、面在空间内连续运动，产生的轨迹或者形成的曲面造型。曲面构成就是指这个轨迹或者造型。如图 1-60 所示，左图是一个曲面家具设计，无数的带有弧度的曲面，层层交叠、绵延不断，形成了一个凹凸有致的造型，非常美妙。中间的图是一个灯具造型，其由多个曲面构成，形成一个既松散又整体的造型，十分自然。右图是一个封闭的曲面构成作品，由无数的线和四边形组合而成，给人一种现代感。

图 1-60　曲面构成

4. 立体构成中的体元素

（1）体的形态特征。体往往是一个具有空间感的立体环境。这个空间有内外之分，内空间是指内部的元素构造，外空间是指外部的环境。如图 1-61 所示，左图为一个展厅空间，展厅内部的桌椅、展台等家具物品，就可以看作内部结构元素，是内空间的呈现。而展厅外部的环境，则成为外空间了。整个展厅是一个半开放式的空间，具有一定透视效果，这样的空间让人感觉比较亲近。右图为一个立体装饰物品，虽然是石头，但是由于表面做了相应装饰，使得物品并不那么厚重了。

图 1-61　体的形态特征

（2）体的立体构成方法。体的立体构成方法主要有以下 5 种：几何多面体的构成、多面体的群化构成、多面体的有机构成、自然体的构成、体的立体组合构成。

1）几何多面体的构成。几何多面体的构成是指由多个几何面组合在一起的几何体，在不同的环境中，几何多面体会呈现出不一样的效果。如图 1-62 所示，这个以玻璃和钢结构为主的几何多面体看起来晶莹剔透，精致大方。

图 1-62　几何多面体的构成

2）多面体的群化构成。多面体的群化构成是指多面体通过聚集形成一种有规律的变化，这样的造型能够让人看到对比的效果，同时还有平衡的构成感，既能产生节奏韵律，又能形成一种体的凝聚感。如图 1-63 所示，这是一个电脑软件渲染出来的效果图，字母与图形的不同质感、不同的形态，组合成了一个多面体，其效果看起来富有新意。

图 1-63　多面体的群化构成

3）多面体的有机构成。多面体的有机构成是以多面体为基础，其他各个部分有机地组合在一起，形成一个协调的、相互关联的整体。如图 1-64 所示，左图黑白色的碗中，黑色和白色部分可以各自独立存在，形成一种样式，然后可以半交融在一起，组合为新的样式，还可以完全交融在一起，组合成另一种样式。这样既独立又整体的设计，满足了功能和美感，使人能从多个角度欣赏多个面的效果。右图的多面体组合插头设计与此类似，每个元素之间可以独立存在，组合在一起时也可以产生新的物体效果。由此可见，多面体的有机构成通常会以一个系列的形式展示，各个元素可以单一存在，也可以统一为一个整体，相互之间存在关联。

图 1-64　多面体的有机构成

4）自然体的构成。自然体的构成就是指自然形成的形体。学会观察和发现自然体的存在，能够帮助我们更好地发现大自然的美。如图 1-65 所示，左图是美国加州的象石悬崖，整体形态貌似大象，这是自然形成的体，但是颇具形象感，能给人一种比较神似的感觉。右图是植物猪笼草，这种植物可以捕捉蚊虫，其看起来就像是一个袋子。自然体的构成的功能性与形态时常被人们用于实践之中进行创作，设计出一些具有类似使用功能的产品。大自然的灵感可以赋予人们无限的想象力，我们要学会从自然中发现元素。

图 1-65　自然体的构成

5）体的立体组合构成。体的立体组合构成就是指将具有长、宽、高属性的元素进行组合，形成一种具有空间感的立体造型或空间。例如室内设计就是典型的体的立体组合构成，在室内设计中，家具、门窗、吊顶等无处不在地体现着体的立体组合，每一个物体都是一个体元素，都存在于一个空间之内，创造了一个新的环境，从而呈现出整体的效果，如图 1-66 所示。

图 1-66　体的立体组合构成

二、综合材料运用之美

1. 立体构成的材料

材料是立体构成的物质基础。材料有软硬、干湿、疏密等区别，不同的材料具有不同的艺术效果。在艺术设计中，材料会让艺术表现更加丰富多彩，与此同时，材料的特性也会限制艺术的发挥。不同的材料如图1-67所示。

图1-67 不同的材料

设计师需要了解不同的材料具有的特性，然后根据其特性，构思设计方案和表现手法。例如，在建筑物的设计中往往使用石头、砖等材料，这会让建筑显得硬朗、扎实、厚重；但是有的时候会使用木材构筑建筑物，这样的建筑通常看起来更有文化韵味，更加古朴沉静。

2. 材料的视觉特性及加工方法

材料一般分为自然材料和人工材料。通常生活中所指的自然材料是指天然存在的各种材料，如石头、沙子、木头、泥土等，它能给人天然、质朴的感受，具有较强的亲和力。人工材料则是指的人工合成的各种材料，如纸张、玻璃、金属、陶瓷、砖石等，给人以时尚、新奇的感受等。接下来通过一些常用的材料来了解材料的视觉特性及加工方法。

（1）木材。木材（图1-68）是日常生活中应用非常广泛的材料之一，木材有一定的吸湿性、弹性和强度，易出现变形、干裂、燃烧、虫蛀等现象。但是木材会给人带来温和、松软、轻快的心理感觉，容易加工且舒适美观。在立体构成中通常寻找木节少、纹理平直的木材用于设计，如椴木、云杉、白松、杨树等易于造型的木材。木材一般采用锯割、刨削、接合、弯曲和雕刻等方法进行加工处理。锯割之后的木材表面粗糙，给人质地疏松的感觉；刨削之后的木材表面变得光滑平整，给人整洁、结实、轻快、精神的感觉；接合的方式一般用在传统的建筑、家具中，给人古朴、厚重的感觉。弯曲效果一般是把木材锯割成片状或条状，通过烘、蒸等方法加以软化处理，然后加工，最后根据设计需要定型；雕刻是利用木材的松软的物理特性，用各种工具改变木材的形状或对木材表面进行挖切，产生立体的装饰图形。木材的应用案例如图1-69和图1-70所示。

图 1-68　木材

图 1-69　木材家具

图 1-70　木质工艺品

（2）石材。石材通常用于建筑当中，有时候也用于装饰雕像、壁画等。不同石材的成分区别很大，其成分会从根本上影响材料的色泽、质地及效果。我们看到石材时往往会觉得其冰冷、坚硬、冷漠，但是同时也会给人坚硬、厚重的感觉。石材的加工手段也是多样的，可以敲凿，也可以打磨，经敲凿过的石材会呈现明显的凹凸效果，给人粗犷、浑厚的感觉。打磨会使得石材纹理更加清晰，表面更加光滑，看起来更为美观，如图1-71所示。

图 1-71　打磨后的石材

（3）泥土。用于艺术构成中的泥土材料一般采用黏土和瓷土。黏土可塑性好，易于成型，干燥后有一定的强度，在民间广泛应用。黏土在火中经过氧化和还原反应后可以玻化，从而烧制成陶瓷，所以陶瓷艺术也被称为“火的艺术”，因烧制温度和材料的不同，陶瓷可分为陶器和瓷器。一般陶器表面比较粗糙，瓷器表面光滑，二者都可以通过表面着色进行装饰。

接下来请欣赏一个典型泥塑案例：《收租院》（图1-72），塑像采用的是中国古代民间庙宇泥塑的传统方法，即用稻草与棉絮和泥在木扎骨架上塑成，眼睛用黑色玻璃球镶嵌。人物结构则运用西方写实雕塑的手法，造型准确，具有真实感。

图 1-72　泥塑《收租院》

（4）纸。纸张在现实生活中无处不在，有普通的书写用纸，也有绘画用纸，还有包装用纸、生活用纸、特种行业用纸等。纸张的可变性非常强，能够折叠、弯曲、交错、剪裁等，运用纸张进行立体造型，可以有多样的变化，能给艺术家足够的想象空间。纸质立体构成作品如图 1-73 所示。

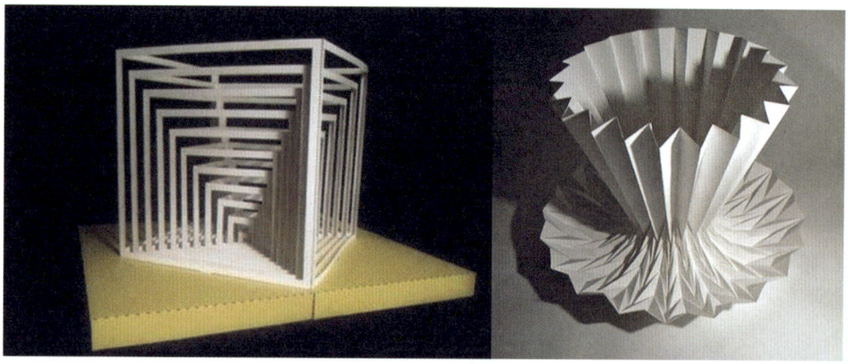

图 1-73 纸质立体构成作品

（5）玻璃。随着科技的进步，玻璃作为立体造型材料，已从单纯的采光运用发展到节能、调温、隔音、防盗、防辐射、改善环境等运用。玻璃的制作加工方法有高温熔融、吹制着色、打磨、刻花等。利用玻璃的颜色、制作工艺可以打造出不同的视觉效果，设计师可以将玻璃的特性运用到设计之中。玻璃材料应用案例如图 1-74 所示。

图 1-74 玻璃房子

（6）金属。金属材料有铜、铁、铝、金、银、锡、钨等。这些金属材料可以单独存在，也可以是几种金属合成为一种金属材料。运用金属材料来制作立体构成作品，可以给人一种现代、时尚的感觉。金属可以以棒、线条、片等形式存在，其塑造出的形象，能展现出力量、速度和冷峻的意味。金属立体构成作品如图 1-75 所示。

图 1-75　金属立体构成作品

思考与讨论

1. 立体构成元素有哪些？分别有什么特点？
2. 请结合身边的例子谈一谈点、线、面、体的构成艺术。
3. 立体构成的材料有哪些？如何运用材料？
4. 请动动手，使用纸这一材料制作一个立体构成作品，并谈一谈你的创作思路。

第 3 讲　视听美学——音乐与影视

一、音乐美学思想的发展历程

1. 中国音乐美学的发展历程

（1）春秋末年至战国末年时期。这一时期出现诸侯纷争，各自争霸的局面。随着生产力的发展，形成了众多学术流派，达到了中国历史上第一个文化高峰期。不同流派的思想家以自己的文化观念和音乐审美意识影响着当时的音乐活动，诸子百家中，最有影响的是儒家和道家。以儒家为例，孔子站在儒家文化立场，倡导美善交融的审美意识，继承了之前的“礼乐思想”。以“仁”为本的音乐精神始终贯穿在孔子的音乐美学思想中。纵观儒家学派的音乐美学思想，孔、孟、荀都以“和”为审美准则，强调音乐的社会功能，要求音乐成为政治的工具、统治的手段。“礼”与“中和”的儒家音乐美学基本特征成为中国音乐美学思想的主流，深刻地影响着中国思想文化的发展。

（2）两汉时期。这一时期的音乐美学思想主要体现在《乐记》中。其通过“感于物而动，故形于声”“乐者，心之动也”“声者，乐之象也”“乐者，德之华也”“乐者，天地之和也”等理论集中论述了音乐的社会功能以及“天人合一”的音乐美学思想，认为音乐可以“修身、齐家、治国、平天下”。这一时期，还诞生了其他重要著作，如《韩诗外传》《毛诗序》《礼记》《洞箫赋》等。

（3）魏晋至隋唐时期。这一时期是中国音乐的第二个高峰。三国时期魏国的嵇康所著《声无哀乐论》谈到“和声无象”“音声无常”，即声音不表现一定的感情、其与感情之间没有必然的联系。例如，“音声有自然之和，而无系于人情”表达音乐来自天地自然的思想，与人的情感无关；“声音以平和为体”表达平和而无哀乐是“道”的特性，也应该是音乐的本质特性；“躁静者，声之功也”表达声音的快慢对应人们躁静的反映，因为“声”是平和，所以听者心情境界是平和的，无关于情绪。

（4）宋元明清时期。这一时期民歌小曲、戏曲、说唱音乐空前发展。首先是周敦颐、徐上瀛、汪烜等的“淡和”审美观，这一观点强调音乐必须“淡而不伤、和而不淫”，“淡和”是道家思想在音乐美学领域的集中体现；其次是以李贽为代表的主情思潮，此观点认为艺术创作“发于情性、由乎自然”，主张解放人性、解放音乐；最后是唱论与琴论音乐美学思想，二者相较而言，唱论重声、琴论重音，唱论重情、琴论禁情，唱论顺欲、琴论禁欲，唱论主情、琴论主意，二者一直以来相伴相生相长。这一时期还有一些重要的美学论著，如《衡曲麈谈》《溪山琴况》《读律肤说》等。

2. 中国古代音乐美学思想的主要特征

（1）中国古代音乐美学思想以儒道互补构成。

（2）坚持礼乐当先的思想。

（3）以“中和”“淡和”为准则。

（4）以平和恬淡为美，追求“天人合一”，追求人际关系、天人关系的和谐统一。

（5）多从哲学、伦理、政治角度出发论述音乐。

3. 西方音乐美学思想的发展历程

大体上讲，西方音乐美学思想的发展可分为初始萌芽、繁荣发展和系统深化三个大的历史阶段。

（1）初始萌芽阶段。

1）古希腊罗马时期的音乐美学思想。西方音乐美学思想发展的历史源头可追溯到古希腊时期。

古希腊著名科学家、思想家毕达哥拉斯是西方音乐美学思想的奠基人，毕达哥拉斯学派便是围绕其诞生的。这个学派对音乐美学问题的研究以数学为基础，他们认为美的本质是和谐，而和谐的产生则取决于理想的数量关系。

柏拉图（图1-76）是古希腊客观唯心主义哲学代表者。在柏拉图的整个美学思想中，美与善是不可分割的一体。在他看来，艺术的美就是心灵的善。因此，音乐的美也必须符合内在和谐的需要，必须服从于道德和理性的规范。

图1-76 柏拉图雕像

古希腊音乐美学思想的集大成者是亚里士多德（图1-77）。亚里士多德指出：人们不仅能够从音乐中受到教育和净化，而且还能够获得“精神享受”。在他看来，艺术起源于人类模仿的天性，对于音乐艺术来说，它所模仿的对象是人的情感。他的美学思想依然遵循“美善合一”的宗旨。

图1-77 亚里士多德雕像

2）中世纪基督教神学统治下的西方音乐美学。欧洲中世纪是一个由基督教神学主宰着人们精神生活的时代。中世纪的基督教神学理论的奠基人奥古斯丁（图 1-78）承认音乐的情感作用，并且认识到音乐的魅力能够超越语言和逻辑思维的限制。但出于对神学的信仰的维护，他将音乐艺术的这种感染力视为一种潜在的危险，认为情感的宣泄会使人陷入迷狂，所以这种情感的表达要受到节制。

图 1-78 奥古斯丁画像

另一位中世纪早期的哲学家鲍埃修将音乐划分为三种：第一种是宇宙音乐（到天空中去寻找）；第二种是人的音乐（深入自己的灵魂深处的人都能理解）；第三种称为“应用的、有赖于某种乐器”的音乐，是直接呈现给人听觉的“人工制品”，属于价值最低的音乐。与鲍埃修同时代的理论家卡西奥多便较为实际地把有关音乐问题的研究划分为“和谐学”（用于教导人们如何处理声音之间的相互关系）、“节奏学”（用于研究音乐与诗词之间的联系）、“韵律学”（有关诗歌格律方面的学问）三个部分。

稍晚于卡西奥多的神学家伊西多尔主张把音乐划分为和谐的、有机的、节奏的。类似这样的分类及其相关的音乐理论已经是面向实践、切合音乐艺术自身规律的理论学说。

11 世纪上半叶的意大利音乐理论家圭多在音乐实践领域发明了四线谱和谱号的使用、唱名法等。13 世纪的著名神学家圣托马斯阿奎那被公认为是中世纪基督教神学思想的集大成者，他的《神学大全》一书在整个基督教世界中的影响极其深远。

（2）繁荣发展阶段。

1）文艺复兴时期西方音乐美学观念的转变。发生在14世纪的文艺复兴，是以复兴古代文化为名掀起的一场人性解放运动。文艺复兴时期所倡导“人文主义”信念在音乐美学理论中占有重要地位。这一时期的艺术家、音乐家们把音乐艺术的存在与人的需要结合起来，更注重人文主义。

2）巴洛克时期的音乐美学。“巴洛克”这一时期覆盖了整个17世纪以及18世纪的前半部分，巴洛克时期是继文艺复兴之后西方音乐美学发展的另一个重要历史阶段。这个时期的艺术具有一种共同的美学特征：着重表现激情的状态并为加强这种表现力而有意突破固有的平衡与协调。巴洛克艺术家追求一种“震撼人心的效果”，努力把人们内心深处的情感活动揭示出来。

3）18世纪启蒙运动时期的音乐美学。18世纪是一个发生了巨大历史变革的世纪。1789年爆发的法国大革命就是这场变革的一个重要标志。18世纪的欧洲音乐论坛以法国为中心，曾发生过三起重大的争论，即：“旋律派与和声派之争”“喜歌剧之争”“格鲁克的支持者和反对者之争”。这三起争论都与卢梭等启蒙思想家有着直接的关系。整个18世纪，围绕着三次大争论，进行了巨大的美学思想变革与调整，影响着整个时期的思想发展。

（3）系统深化阶段。

1）19世纪西方音乐美学思想的主流。19世纪初期，德国音乐理论家舒巴特的《论音乐的美学思想》一书正式出版，将“音乐美学”这一名词普及化。在19世纪的各种音乐美学思想中，不得不提到的是浪漫主义的情感论。这种美学思想从古希腊亚里士多德开始，贯穿于西方音乐美学发展的各个历史时期，融会在不同的理论学说之中，其典型代表有：黑格尔、舒曼、柏辽兹、李斯特等一大批浪漫主义音乐家。这一时期大多数的浪漫主义音乐家善于变化，他们反对一成不变、因循守旧、墨守成规的艺术创作理念，他们认为主观内心感受、精神内容高于一切外在的客观因素，追求无拘束的思想发散，根据内心所想所思进行创作。

2）20世纪西方音乐美学的发展动向。1929年出版的《音乐美学的主要流派》，德国理论家伽茨首次使用“自律论音乐美学”和“他律论音乐美学”这两个名词，这也是20世纪西方音乐美学的两种主要观点。除此之外，同一时期的马克思主义音乐美学的影响力也不容忽视。马克思主义音乐美学一向把音乐看作社会意识形态的组成部分，认为音乐艺术在本质上就是对现实社会生活的一种能动的反映。

4. 西方音乐美学思想的主要特征

（1）强调实证，重视逻辑思辨。

（2）注重音乐本体研究，善于理论联系实际。

（3）由古至今，呈现出加速发展的趋势。

（4）积极扬弃传统，不断开拓创新。

（5）崇尚理性，忽视感性。

5. 音乐的功能、价值与审美本质

（1）音乐的功能如图 1-79 所示。

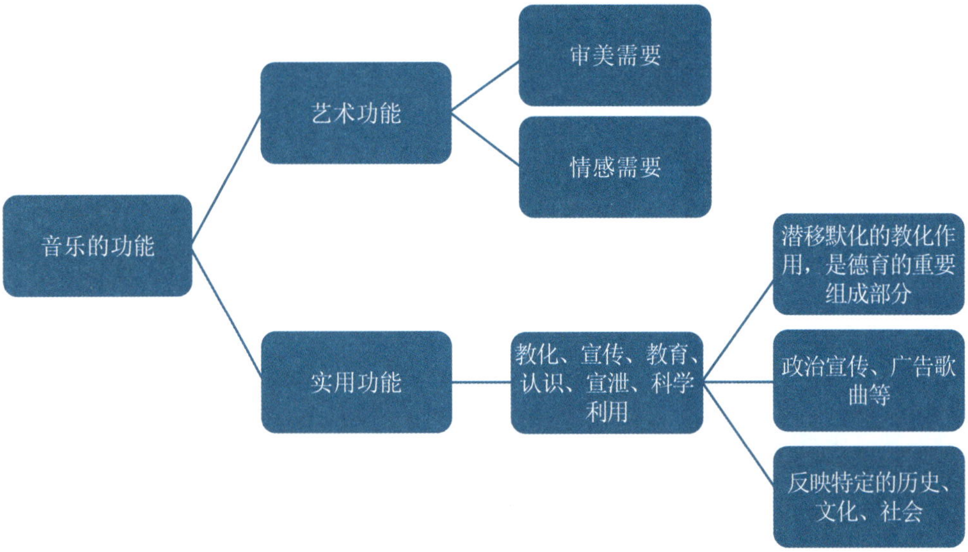

图 1-79 音乐的功能

（2）音乐的价值。

1）音乐自身独有的价值。

第一，满足人们的审美需要，具有不可替代的独有价值；

第二，作为审美指向的目的物，其本身就是独特的。

2）音乐作为特殊工具的价值。

第一，作为教化工具；

第二，其他艺术或者非艺术手段也具有教化功能，但是音乐具有听觉感性方面的特殊性。

3）音乐是多种价值的混合。音乐的审美价值往往与其他的价值混合在一起，如在抒发自己内心感受时，音乐的艺术表现中往往包含了审美价值与真、善价值的组合。

（3）音乐的审美本质。音乐是人的听觉审美理想的感性显现，如贝多芬的《命运交响曲》是其英雄主义的鲜明体现。音乐本身区别于其他事物的独特性使其又具有不可替代性。由此，丰富有序美是音乐不可替代的本质属性。

6. 音乐音响结构的审美特征

（1）音乐音响基本要素的审美特征。

音高：低音深厚、沉重，中音宽广、温和，高音明亮、轻快。

音强：音乐结构完全相同，不同的音乐强度进行演奏可以获得完全不同的效果。如柴可夫斯基《第六交响曲》的主题，在展开部以整个乐队的强奏出现，效果非常震撼。

音色：不同音乐材料与构造会产生很大的音色差异，如小提琴与古琴的音色完全不同。

音长：同样的旋律以不同的音乐速度进行演奏会产生不同的艺术表现力。如芭蕾舞剧《红色娘子军》中洪常青的主题，刚出场时与英勇就义时音长有很大差异。

（2）音乐音响结构基本组织形式的审美特征。

1）节奏、节拍。节奏指音乐旋律进行中音符或音节的长短、强弱等，节拍指音乐中的重拍和弱拍呈一定规律地重复进行，如2/4、4/4、3/4拍等。节奏和节拍可以使音乐具有突出的感性特征，变得有序而丰富。如哀伤的音乐节奏舒缓，雄壮的进行曲节奏坚定。

2）旋律、调式、调性。旋律是由不同音高的乐音在时间中有序出现而构成的音乐形态；调式是由构成音乐基本音列各音之间的音程关系所体现出来的结构特征；调性是调式的音高。

3）和声、复调、配器。和声指两个或两个以上不同的音按一定的法则同时发声而构成的音响组合。不同的音高组合产生不同的和声效果，有的纯净、有的丰满、有的空洞、有的混乱、有的嘈杂，这些变化被称为“和声的色彩”，如《十面埋伏》中表现战争的场面，多使用的就是不和协、紧张的和声效果。复调由两段或两段以上同时进行、相关但又有区别的声部所组成，这些声部各自独立，但又和谐地统一为一个整体，彼此形成和声关系。配器的字面含义是指给声部分配乐器，延伸来看，就是指从“单维空间”到“三维”或“多维空间”的处理方式。

4）曲式结构。曲式学的侧重点不是某一首乐曲的个别具体形态，而是普遍的音乐结构特征和规律。如奏鸣曲式、交响曲等，当我们谈起奏鸣曲式、交响曲时是指这一类型的作品，而不是某一首。

（3）音乐音响结构的基本审美原则及其心理依据。

1）听觉适宜性原则。此原则制约音乐音响材料的使用，毕竟，音响艺术对高紧张性音响的探索是有极限的。

2）动力性与平衡性原则。对声音的期待会产生创作作品的动力；而当期待值达到一定程度时，我们渴望解决，即称为平衡，最简单的例子是当音阶唱到7时，人们心里一直在想会到高音1。

3）统一性与完整性原则。主要体现在音响声音属性带来的听觉上的联系以及作品结构层次上的呼应关系。

4）表现意图与风格制约性原则。任何音乐作品都应该首先符合人类自然心理倾向所决定的音乐结构的基本审美原则，并在此基础上表现外在的现象，从而达到“形式与内容”的完美统一。

二、中外影视发展历程

1. 西方电影发展历程

（1）电影的诞生。

1829年，比利时物理学家约瑟夫•普拉托提出了“视觉滞留”的原理。1878年，英国摄影师爱德华•穆布里奇拍出表现物体连续运动的一组照片。1894 年，美国发明家爱迪生在他的机械师协助下制作出了“电影视镜”。1895 年 12 月 28 日，法国人卢米埃尔兄弟用他们发明的“活动电影机”首次售票公映了他们的电影。这一天被公认为电影的诞生日。

（2）电影艺术的形成与发展。

继卢米埃尔兄弟之后，法国人乔治•梅里爱把魔术表演剧院改造成摄影棚，进行魔术电影实验。1903 年，美国导演埃德温•鲍特拍摄了《火车大劫案》，由此，电影形成了一个较为完整的叙事体。1915 年，美国导演大卫•格里菲斯拍摄了《一个国家的诞生》，标志着电影艺术的初步形成。1927 年 10 月 6 日公映的美国电影《爵士歌手》是有声电影开端的标志。1935 年美国电影《浮华世界》是第一部用彩色胶片拍摄的彩色电影。

随着科技的不断革新，20 世纪 90 年代之后，尤其是数字化技术全面进入电影制作过程，科技开始逐渐影响和改变电影的制作方式。好莱坞的动作片与科幻片成为了当代科技环境下产生的艺术创作。运动捕捉、影像实拍与三维合成、3D 技术等都是目前运用较为广泛的前沿技术。其中最具代表性的电影是漫威公司创作的复仇者联盟系列电影。

2. 中国电影发展历程

第一阶段（1905—1949 年），这是中国电影拓荒时期和初步形成规模的时期，中国第一部电影《定军山》问世。

第二阶段（1949—1966 年），新中国成立后成立了北影、上影、长影等电影厂，并建立电影基地，代表作品有《早春二月》《阿诗玛》《五朵金花》等。

第三阶段（1966—1990 年），由于一些历史因素，这一阶段是我国电影发展相对困难的时期，但中国电影人顶着巨大的压力创作出了《创业》《海峡》《闪闪的红星》《开国大典》等优秀的作品。

第四阶段（1990 年至今），进入 20 世纪 90 年代，中国电影先后实施了影视合流改革、电影精品工程、农村电影放映工程、电影股份制、集团化改革等主要措施，电影的艺术形成有崭新的突破，其质量有了大幅度的提高。

中国电影从无声、单机、黑白影片到高科技、大投入、环绕立体声巨幕电影，乃至全球最有影响力的电影节，走过了一段漫长且艰苦卓绝的路程。目前，以武术及以尚武崇德的侠义思想为主题的电影占据了中国电影的重要地位。因此，可以说中国武术促进了中国电影的发展，中国电影也反过来推广和宣传了中国武术。

3. 影视艺术美学特征

（1）综合性。影视艺术综合了其他各种艺术元素。

1）戏剧元素。影视与戏剧密不可分，戏剧所展示出的编剧、导演、表演等内容，都能形成一种艺术规律，这些可以为影视提供非常宝贵的舞台经验。

2）文学元素。影视受文学的影响，将文学融入影视之中，能够编成很好的故事，为影视提供文学基础，丰富其文化内涵，文学还可以为影视提供许多叙事方式与手法。

3）美术元素。影视需要美术辅助，影视可以从美术中吸取造型艺术规律和特点。

4）音乐、舞蹈元素。影视艺术与音乐、舞蹈具有非常密切的关系。影视艺术从音乐中吸取了节奏感与感染力，音乐丰富了影视艺术的表现力和感染力。

（2）技术性。

1）影视艺术是人类艺术史上唯一产生于现代科学技术基础上的艺术种类。影视艺术经过漫长的技术演变（照片式－镜头连接（分镜头剧本）－默片时代－有声电影－彩色电影－电脑与数字技术特效合成制作）形成了今天丰富多彩的电影。

2）从“叙事电影”到“奇观电影”。

叙事电影：电影的叙事性主要体现为电影的蒙太奇处理，也称为叙事蒙太奇。蒙太奇的组织原则要服务于叙事性的要求，对于推进情节和叙事的展开具有重要作用。代表作为希区柯克的悬念片。

奇观电影：奇观电影的首要任务是通过画面的组接来传递出具有视觉吸引力和快感的影像。代表作为《变形金刚》。

（3）逼真性与假定性。

1）逼真性。逼真不等于真实，而是要使观众获得“真实感”。如第一人称视角手法、视点人物写作（POV）手法等。

2）假定性。一般是指通过艺术媒介对客观环境的非原样的表现。如科幻片中的世界基于现实世界，但并不存在于现实世界。

（4）造型性与运动性。

1）造型性。影片的故事内容要通过画面造型表现出来，即使是人物内在的心理活动、情感世界（特写）和影片的深层意蕴，也必须通过可见的人物造型、环境造型和摄影造型在银幕上体现出来。影视作品中具有视觉造型功能的元素有色彩、光线、画面构图。

2）运动性。影视艺术的画面必须在内部运动和外部运动中达到丰富多变的视觉效果。影视艺术的运动性包括被拍摄物体的运动、摄影（像）机的运动、主客体复合运动，以及蒙太奇运动。

思考与讨论

1. 西方音乐美学思想的发展经历了哪些重要的历史阶段？
2. “自律论音乐美学”与“他律论音乐美学”之间的主要分歧是什么？
3. 浪漫主义时期音乐有哪些基本特征？有哪些代表作曲家？有哪些代表作品？
4. 谈谈交响曲的配置、结构。
5. 科技发展与影视美学的关系是如何变化的？
6. 谈谈综合性与技术性的关系。
7. 谈谈逼真性与假定性的关系。
8. 谈谈造型性与运动性的关系。

第4讲 科技美学——“互联网+”艺术

一、“互联网+”艺术的时代特征

在“互联网+”的时代背景下，未来社会经济与人文艺术将借助互联网理念来驱动，艺术设计也必然会在“互联网+”的推动下呈现出新特点。

首先，这一时代的“互联网+”艺术具有创新性。“互联网+”的融入，将会淡化艺术设计专业技能，而强化艺术与互联网的融合度，这将明显体现在一个完整的产品生产链上。从设计思想，到设计理念，再到生产制造以及销售推广，将会全覆盖互联网的元素。

其次，这一时代的“互联网+”艺术具有环保性。环保艺术是绿色设计的一个发展趋势，未来，在进行艺术设计时，要不断追求与自然和谐统一，体现出环保性。例如在环境艺术设计中，如何就地取材、因形造型等，就是重要参照标准之一。

再次，这一时代的“互联网+”艺术具有智能性。计算机、互联网的飞速发展，将带动智能农业、智能电网、智能交通、智能物流、智能医疗、智能家居等行业的高速前进。艺术设计不再单独针对某一作品或者某一产品进行设计，而是要结合计算机、物联网等新技术，考虑其与周边环境的匹配和适应，增强产品的智能性和可操作性。例如，现在的手表不只是一款用于看时间的产品，而是融合电话、定位、健康监测等众多功能为一体的智能化设备。

最后，这一时代的“互联网+”艺术具有时效性。在“互联网+”背景下，艺术设计能够全方位地应用信息化技术。伴随着信息技术的发展，互联网技术与信息技术不断融合，许多新技术能够应用到艺术设计领域。但是，技术日新月异，不断更新换代，艺术设计也将不断奔赴改革的第一线。

二、新媒体艺术概述

1. 什么是新媒体艺术

新媒体艺术侧重于艺术形态的描述，它是以数字技术为基础，互动交流为手段，艺术性和实验性为特征，并以艺术观念为动力的当代艺术创作活动。新媒体艺术之父罗伊•阿斯科特曾说过：“新媒体艺术主要是指电路传输和结合计算机的艺术创作。”

案例一：*The Transfinite*

该艺术作品来自日本著名声音艺术家池田亮司，利用视觉和听觉共同组成了这件大型装置。在昏暗的室内环境中，巨大的发光装置艺术作品结合复杂的电音发声，制造出一个充满巨大感官刺激的控件，如图1-80所示。

图 1-80 作品 -*The Transfinite*

案例二：*Weather Project*

该艺术作品来自丹麦艺术家奥拉维尔·埃利亚松，他利用 200 枚黄色钠灯为观众们制作了一颗人造太阳，在旋涡大厅的顶部安装了一面巨大的镜子，使半个太阳形成了一整个太阳的同时，也使得本来就巨大无比的旋涡大厅在视觉上延伸成倍，如图 1-81 所示。艺术家还应用科学手段加大了空气湿度，在空气中融合了蜂蜜和糖调制的一种香气，使人更加放松。

图 1-81 作品 -*Weather Project*

2. 新媒体艺术发展史

1834 年，以西洋镜为载体，出现了最早的新媒体艺术。

20 世纪初至 20 世纪 50 年代，新媒体艺术主要为动理学和灯光艺术的应用，案例为托马斯·威尔弗雷德在 1919 年的作品 *Lumia*，内容为流动的灯光。

20 世纪 50 年代至 20 世纪 90 年代，电视的出现推进了新媒体艺术的发展，1958 年，沃尔夫·弗斯特首次在他的艺术作品 *Black Room Cycle* 中使用电视机，这是新媒体艺术史上第一次出现电视，但只是简单作为一个装置进行展示。

20 世纪 90 年代之后，计算机和互联网的普及使新媒体艺术作品呈爆发式增长，从此新媒体艺术成为主流艺术之一。新媒体艺术发展历程如图 1-82 所示。

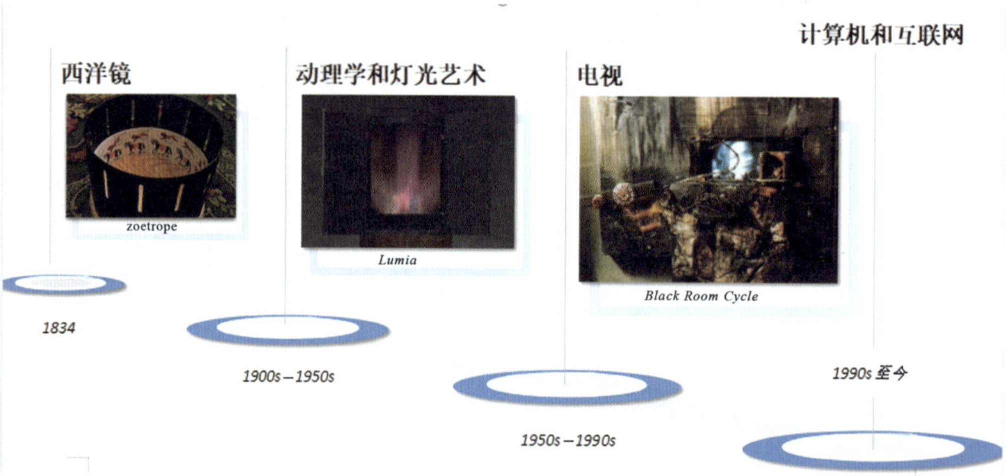

图 1-82　新媒体艺术发展历程

3. 新媒体艺术表现形式

新媒体艺术分类庞杂，表现形式多样，主流的分类为计算机艺术、虚拟艺术、交互艺术、声音艺术、电子游戏艺术、电子机械艺术、3D 打印艺术、网络艺术、生成艺术、生物科技艺术、赛博格艺术等（图 1-83）。虽然艺术种类划分详细，但实际边界非常模糊，大多数作品很难被定义为某一分类，更多的情况是多种分类的结合。

图 1-83　新媒体艺术表现形式

（1）数字艺术。数字艺术又称数码艺术，是将数字技术作为创作或展示过程的艺术作品或实践。理论上数字艺术为新媒体艺术的其中一个分类，但由于近年来数字技术飞速发展，几乎所有的新媒体艺术都离不开数字技术，因此，目前普遍认为新媒体艺术等同于数字艺术。

案例为韩裔艺术家白淮南的著名作品《电视佛》（*TV Buddha*），传统的佛像与现代的数字技术的面对面，仿佛包含无言的、长久的对话，引人深思，如图 1-84 所示。

图1-84 作品-*TV Buddha*

（2）计算机艺术。计算机艺术，是指使用电脑生成影像，即CGI技术，包括计算机图形（CG）和计算机动画。也可按维度分为二维（2D）和三维（3D）。

案例为防疫知识小动画，使用计算机动画的形式使内容得到更好的表达，如图1-85所示。

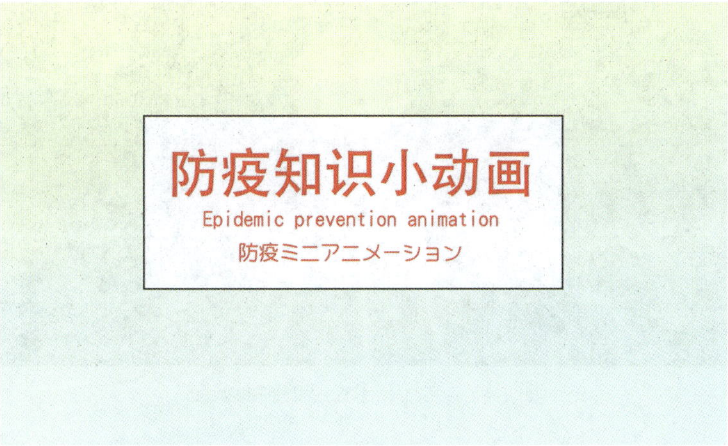

图1-85 防疫知识小动画的画面截图

（3）虚拟艺术。虚拟艺术是指使用虚拟技术媒体将艺术虚拟化，使观众可以进入、参与和重新布置艺术品，提高沉浸感。目前，虚拟艺术包括虚拟现实艺术和增强现实技术。

虚拟现实（VR）：通过计算机生成一种虚拟环境，使用户沉浸到该环境中。

增强现实（AR）：通过计算机技术将虚拟信息与现实世界进行叠加，达到对真实世界的信息进行增强的效果。

案例为AR艺术展示（图1-86），一幅普通的二维画作，在AR设备中，经过AR技术的加强，变成了可以“动”的三维物体。

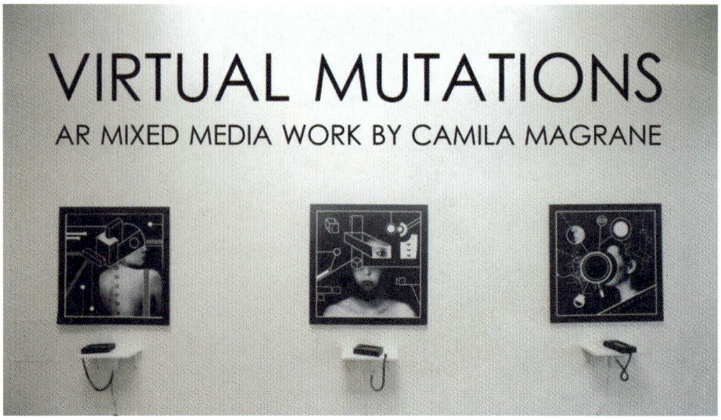

图 1-86　VR 作品的画面截图

（4）交互艺术。交互艺术是一种特殊的涉及观众的艺术形式。通常会让观众以某种形式参与其中达到其艺术效果，某些交互艺术则会使观众成为作品的一部分。

案例为一个交互艺术装置，通过邀请观众集体敲鼓，将声音和动态灯光加入艺术品中（图 1-87），只有当观众参与之后，它才是一件完整的艺术品，并且最终的艺术品形态由观众来决定。

图 1-87　交互艺术作品的画面截图

（5）网络艺术。网络艺术也称为互联网艺术，是指在网络上或者为网络制作的艺术，通过互联网提供审美体验。

案例为 Reddit 论坛 2017 年的像素画活动，活动提供一张巨大的空白画布，任何用户都可以在该画布上任意作画，最终无数玩家共同完成了这样一个混乱的、戏剧性的艺术作品。

（6）电子游戏艺术。电子游戏由于其独特的信息媒介及交互性，已成为一种新的艺术载体，是一种具有营造艺术体验与实现情感沟通的新媒介。

案例为陈星汉的作品《风之旅人》，该作品除了唯美的画面、配乐和意境之外，还有触动人内心的独特游戏体验。在游戏过程中，玩家会遇到一个由其他玩家扮演的“旅人”，玩家之间互不认识，也没法沟通，但可以为了同一个目标一同前行，一路互相帮助，一起见证美好的风景，又会突然失散，玩家甚至都不知道遇到的那个人是谁，是什么性别，什么年龄，来自哪里。仿佛我们的生命中的无数过客，他们也许能陪我们走完人生中的某一段路，但最后的人生还是需要我们自己去完成。

（7）赛博格（Cyborg）艺术。赛博格又称赛博义体，是赛博朋克的一个重要组成元素。Cyborg 一词由“控制论”（Cybernetic）和“有机体”（Organism）结合而来，即以人的神经系统为基础，进行人与机器的嵌合。

案例为由动漫改编的电影《攻壳机动队》，是赛博格风格的代表作之一。

（8）生成艺术。生成艺术是指作品的全部或部分使用自动系统辅助进行艺术创作的一种形式，是一种用算法生成新思想、形式、颜色或图案的过程。生成艺术作品如图 1-88 所示。

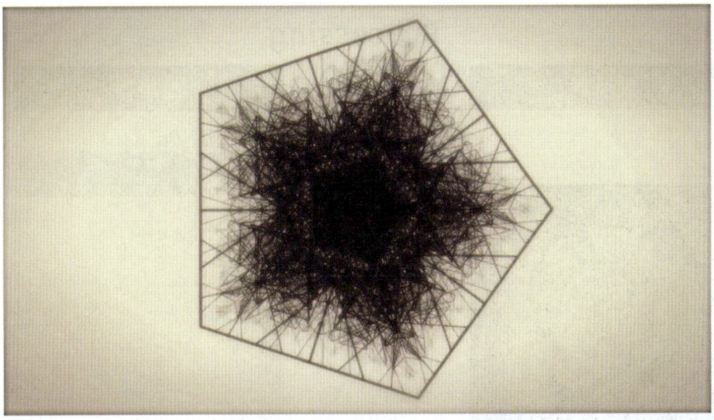

图 1-88　生成艺术作品画面

4. 新媒体艺术应用技术

（1）Processing 和 Touch Designer。新媒体艺术常用的创作工具有很多，这里主要介绍 Processing 和 Touch Designer 软件。

Processing 是一种基于 Java 的图像处理框架语言软件，为图像处理提供开源编程语言和环境，可以使用简单的编程代码创作艺术作品。Processing 图标如图 1-89 所示。

图 1-89　Processing 图标

Touch Designer 是一个可视化编程的开发平台，可以创建实时的视觉及进行新媒体创作，主要用于创作实时交互新媒体。Touch Designer 图标如图 1-90 所示。

图 1-90　Touch Designer 图标

（2）Processing 和 Touch Designer 的区别。

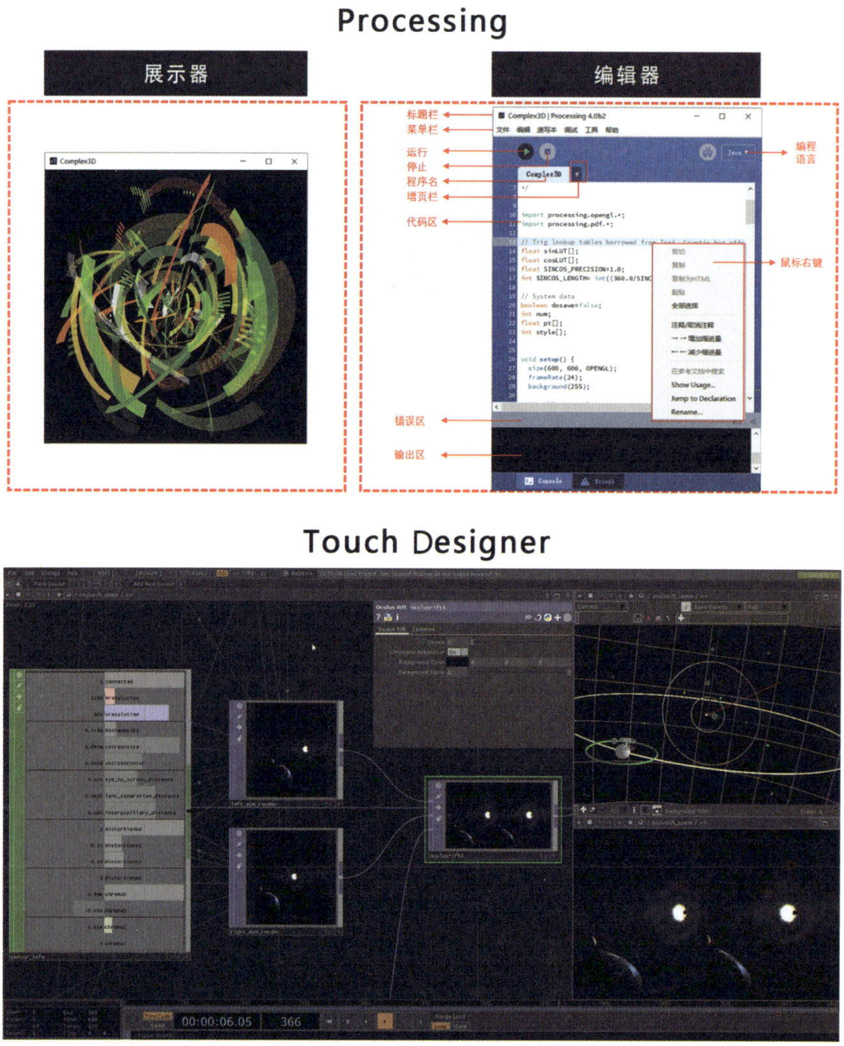

图 1-91　软件界面

在图 1-91 中，上图为 Processing 界面，下图为 Touch Designer 界面。两者的区别如下：

- Processing 使用编写代码的方式进行创作；Touch Designer 使用图形化界面进行操作。
- Processing 上手难度中等，需学习简单的编程知识；Touch Designer 上手难度较低，不需任何基础，可快速上手。
- Processing 的创作更接近底层实现，理论上可实现任何艺术效果；Touch Designer 有一定的局限性，可以自定义的范围有限，超出范围的部分同样需要使用代码实现。
- Processing 的作品适用场景更广，可用于任何场景；Touch Designer 主要用于实时交互的新媒体装置。
- Processing 的创作周期较长；Touch Designer 创作周期短，适合快速创作。

5. 拓展学习

- 《数字媒体艺术概论》《数字媒体艺术简史》：学习数字媒体艺术的基础入门教材。
- 《媒体艺术网络》：进一步了解“科技与人文”的艺术理念。
- 《代码本色》：由 Processing 基金会主管丹尼尔·希夫曼撰写，本书从最基本的数学概念开始，讲述了如何用代码模拟物理世界。
- 《Processing 之全面介绍》：Processing 的详细介绍视频。
- 《Processing 官方基础教程》：同样由丹尼尔·希夫曼出品的视频教程。
- 《Touch Designer 官网初级教程》：由 Touch Designer 中文社区出品的中文视频教程，后续还有中级及高级教程。
- MANA：一个新媒体艺术作品平台，上面有大量新媒体作品分享，还有新闻、教程、活动等。
- OpenProcessing：一个 Processing 的作品分享网站，上面有大量作品，可以在线浏览效果及源代码，但国内访问速度较慢。

思考与讨论

1. 什么是新媒体艺术？
2. 最早的新媒体艺术是什么？
3. 新媒体艺术的表现形式有哪些？请举例谈一谈你的理解。
4. 新媒体艺术技术运用中常见的工具是哪些？尝试使用工具完成一个作品。

第2章　欣赏美

引言　用欣赏的眼光看世界

人们常说，生活不是缺少美，而是缺少发现美的眼睛。生活是充满诗意的，懂得欣赏的人，眼中有风景，心中有天地，无论何时何地，总能看到美好的一面。

在第2章中，我们将带领大家走进绘画、建筑、音乐、影视的世界，聆听中西方的经典音乐、观赏笔简意繁或浓墨重彩的绘画作品、品味穿越千年的中西建筑，你会发现生活中从来没有注意过的美，它也许是穿越地铁时墙边的一幅画，也许是路边音像店偶然飘入耳朵的一首乐曲，更或者是不经意间抬头看见的一个古香古色的屋檐。懂得了欣赏，也就更懂得了发现，才会更加懂得美。

今天，我们似乎总在渴求一个理想的生活之地，人们无论生活在何地，几乎都对自己的生活不满意，而向往的生活永远在别处。笔者希望读者通过本章的学习，开启一双发现美的眼睛，生活中的幸福总是隐藏在平淡的日子中的，懂得发现、懂得欣赏，就获得了从简单和平淡生活中汲取快乐的能力。懂得欣赏别人，懂得用欣赏的眼光看待周围的生活，你就会发现，生活中处处充满了诗意。

第1讲　作品赏析——中外绘画美学

美术包含多个类别，比如雕塑、绘画、建筑等。其中，绘画在所有造型艺术中占据了十分重要的位置。绘画是利用绘画的三要素，即线条、颜色和构图组成的艺术。作者使用不同的技巧和工具，在纸张、布匹、墙面等载体上创造出静止的视觉形象，用来表达作者的情感。绘画形式多种多样，从不同的角度可以将绘画分为许多类型。按照文化背景来看，中国绘画和西方绘画是常见的两种分类，如图2-1和图2-2所示。

一、西方绘画

西方绘画按材料分类可分为素描、水彩画、坦培拉绘画、油画。

1. 素描

素描的操作定义：使用单一色彩表现明度变化的绘画。素描是最能表现作者在空间想象、明暗感知能力的绘画艺术方式。素描作品如图2-3所示。

图 2-1 徐建明绘画作品

图 2-2 《星空》（梵高）

图 2-3 素描作品

素描是绘画的根基，是最真实、最简约的艺术。通常情况下，绘画的初学者都要先学习素描，熟练掌握素描能力的人，在创作其他类型画作时，能够有很高的空间造型能力。事实上，其他的艺术形式，如雕塑、建筑等都需要有一定的素描基础。当代的素描不仅仅以作品底稿形式存在，同时可以直接将其作为独立的艺术创作来欣赏。以素描为基础创作其他类型绘画艺术时，既可以通过素描的能力观察其他绘画类型的水平，也可以通过其他类型的绘画反观素描的能力。在严格意义上，素描不仅仅只有单色的黑白，即使加上一些比较淡的颜色，只要能反映对象的空间关系和光线的明暗变化，都可以将其认定为素描。

素描的分类有如下几种方法：

（1）按照作画工具，素描可分为木炭、铅笔、炭精、钢笔等，图 2-4 为铅笔素描作品。

图 2-4　铅笔素描作品

（2）按照作画内容主题，素描可分为石膏像、风景、静物、人体、幻想等，图 2-5 为风景素描作品。

图 2-5　风景素描作品

（3）按照作画的意图，素描可分为构想、底稿、速写、作品等。

速写是素描的一种作画方式，十分考验素描功底。它完全可以被认为是一种独立的艺术创作，同时也可以表达作者各种各样的创作情感和理念，甚至可以采用抽象的手法进行绘画。在速写中，结构和形式是它的灵魂与骨骼，色彩的重要程度并不明显，如图2-6所示。

图2-6 速写作品

案例：米开朗基罗、丢勒素描艺术。

写实绘画中的形体结构主要通过素描加以解决，在欧洲艺术发展史上，许多大师对形体结构的研究都很精到。特别值得一提的是意大利文艺复兴三杰之一的米开朗基罗，他的素描、雕塑及壁画作品对形体结构的提炼和总结水平达到了巅峰，他创造出了许多充满力量感、体积感的宏伟艺术形象。米开朗基罗的作品如图2-7所示。

图2-7 《圣母子》（米开朗基罗）

尽管米开朗基罗的人体素描主要为了做雕塑而存在，但他强调将形体结构当作研究造型的手段，认为形象的创造是对生命的思考与想象，这些研究成果对后世艺术家创作实践以及素描教学都产生了重要影响。

丢勒是文艺复兴时期北方艺术最为杰出的艺术家，他的素描作品完整地体现了生命的力量，表达了生命运动不息的精神。丢勒的作品如图 2-8 所示。

图 2-8 《启示录》（丢勒）

2. 水彩画

水彩画，顾名思义，是以水为媒介调和颜料完成的绘画作品，由于颜色具有透明度，通过颜色与颜色之间的覆盖可以产生不同的效果，但较多的覆盖会使画作显得脏乱，由于水分蒸发快，这种类型的绘画方式不适合大画幅的创作，更适用于清爽精致的小画幅创作。水彩颜料可以随身携带，使用方便，常常被当作速写的好材料。相较于其他绘画方式，水彩画更重视技法（干画法与湿画法）。水彩画作品如图 2-9 所示。

3. 坦培拉绘画（蛋彩画）

坦培拉绘画技法的来源与发展。在绘画中，坦培拉是指利用具有乳化作用的物质作为黏着剂与色粉调和的一种绘画技法与材料，其材料主要是指水、油混合而成的一种乳白色液体。在油画产生前，欧洲主要流行的是坦培拉绘画（图 2-10）。坦培拉绘画最早出现在旧石器时代的洞穴之中，也就是说很多岩画都是采用坦培拉绘画技法完成的，当时的颜色与技法都很简单。

图 2-9 水彩画作品

图 2-10 《春》（波提切利）

从绘画技法上看，现代的坦培拉绘画不再拘泥于古代传统坦培拉绘画严谨的表达，在用笔、用色及表现形式上更加开放自由。欧美地区的一些画家所用的技法大部分是效仿文艺复兴时期，但在用色和塑造人物处理方面又增添了不少现代元素，相较于古代大师，他们更加注重写实刻画。在绘画材料方面，随着科技的进步，人工合成的多层胶合板等可以代替木板使用，使作品更不容易变形。

波黑当代艺术家萨菲特·泽茨的许多作品就是用纸板、报纸拼接作为坦培拉承载的材料，他运用底层的图案、花纹进行创作，并产生了特殊效果，如图 2-11 所示。奥地利画家克里姆特在使用传统坦培拉绘画材料的基础上加入金箔，夺目的金色创造出色彩绚丽、装饰感强的艺术效果，使作品更具古典韵味，如图 2-12 所示。

图 2-11　萨菲特·泽茨作品

图 2-12　克里姆特作品

4. 油画

尼德兰画家扬•凡•艾克兄弟结合对前人的绘画经验研究发现，以亚麻籽油和核桃油为主要原料配制而成的光油更适用于绘画。从单纯地使用坦培拉绘画材料转变成将坦培拉绘画材料与油彩结合在一起运用，更好地显示了两种材料的特点，这成为油画诞生的标志。后来，经提香和丢勒等画家的推广，这种新形式的绘画方法很快就传遍欧洲，于是油画开始在欧洲占据主流地位。

油画是用快干性的植物油（亚麻籽油、罂粟油、核桃油等）调和颜料，在画布、亚麻布、纸板或木板上进行创作的一个绘画类别。绘画时会使用稀释剂稀释调和颜料，颜料会在时间的作用下变得干燥，转而变硬，并且在画布上保持光泽。利用颜料相互遮盖，并保持一定的透明性，使描绘对象显得色彩鲜艳、层次丰富，具有强烈的立体感，例如达•芬奇的《蒙娜丽莎的微笑》(图 2-13)。油画是西洋绘画艺术形式中最具有代表性的一种绘画形式。

图 2-13 《蒙娜丽莎的微笑》(达•芬奇)

不同的时期，不同的文化历史因素也造就了油画的变迁历程，油画先后经过了从古典到近代，从近代到现代，再从现代到当代，其在各个时期的风格各不相同。

由于历史文化的因素，油画注定会倾向于写实。6 个世纪前的欧洲，随着文化的改变，除基督教以外的其他人文主义爆发式传播，对宗教的盲目信仰逐渐淡化，那个时期的著名画家渐渐放弃单一地为基督教而创作，他们逐渐对人、事、物产生关注，开始用手中的画笔描绘当时的实景和社会百态。

文艺复兴时期的画家不仅注重事实，还要阐释事实背后的逻辑关系。在此基础上，画家还深入地学习解剖学、透视学，以及光线在空间中的明暗分布，对绘画进行科学的分析，形成了独有的一套“绘画原理”。油画中的人体造型之所以栩栩如生，无论是比例、形体、动作、结构，都能还原真实人体的细节，这要归功于人体解剖学；使用透视法可以表现出绘画深度空间，真实还原现实的景物在某一瞬间给作者留下的静态印象，例如拉斐尔的《圣乔治》（图 2-14）；而光线的明暗法加深了画面的远近层次和立体感。

图 2-14 《圣乔治》（拉斐尔）

《戴珍珠耳环的少女》（图 2-15）是约翰内斯•维米尔在 1665 年创作完成的，约翰内斯•维米尔多年积累而成的才气与性情构成了画面意向的底色。他空明的心境，自由畅达的状态构成了其画面“隔”与“不隔”境界之呈现，达到了神会于物而思与境偕的状态。他的心灵游走于现实与想象之间，在这两种状态的相互碰撞中，自身的本真将会找到某一点，一碰即溶，完美地实现了将看不见的精神显现为感性的表象而存在，心手合一。

图 2-15 《戴珍珠耳环的少女》（约翰内斯•维米尔）

二、中国绘画

中国绘画，简称“国画”。国画是我国的传统绘画形式，是用毛笔蘸水、墨、彩作画于绢或纸上。工具和材料有毛笔、墨、国画颜料、宣纸、绢等，题材可分人物、山水、花鸟。从美术史的角度讲，民国前的国画统称为古画。国画在古代无确定名称，一般称为丹青，在世界美术领域中自成体系。

国画在内容和艺术创作上，体现了古人对自然、社会及与之相关联的政治、哲学、宗教、道德、文艺等方面的认识。

国画根据绘画题材大致可分为人物、山水、花卉、瓜果、翎毛、走兽、虫鱼、风俗等画科；根据设色又可分为金碧、大小青绿、泼彩、淡彩、浅绛等。国画主要运用线条和墨色的变化，以钩、点、染，浓、淡、干、湿，阴、阳、向、背，虚、实、疏、密和留白等表现手法，来描绘物象与经营位置。国画取景布局，视野宽广，不拘泥于焦点透视，有壁画、屏风、卷轴、册页、扇面等画幅形式，并辅以传统的装裱工艺。

1. 国画题材

（1）山水画。山水画的组成包括山、水、石、树、房、风、雨、阴、晴、雪等景观。

1）青绿山水。指以石青和石绿作为主色的山水画（图 2-16），有大青绿、小青绿之分。前者多钩廓，皴笔少，着色浓重；后者是在水墨淡彩的基础上薄施青绿。

图 2-16 青绿山水

2）金碧山水。指以泥金、石青和石绿作为主色的山水画，比“青绿山水”多泥金一色，如图 2-17 所示。泥金一般用于勾勒山廓、石纹、坡脚、沙嘴、彩霞以及宫室、楼阁等建筑物。

图 2-17 金碧山水

3）水墨山水。指国画中纯用水墨表现山水景色的画体，如图 2-18 所示。

图 2-18　水墨山水

4）泼墨（粗笔）山水。此类山水画将大片的墨汁洒在纸上，勾勒出物体轮廓形象，产生像泼上去一样的效果，如图 2-19 所示。

图 2-19　泼墨山水

5）工笔（细笔）山水。此类山水画的主题是自然风光，以“线”为主要表现形式，如图 2-20 所示。

图 2-20　工笔山水

6）写意山水。此类山水画用意境和留白，不拘小节地描绘以山水为主的自然风光，如图 2-21 所示。

图 2-21　写意山水

（2）花鸟画。中国花鸟画多姿多彩，引人入胜。它与山水画、人物画并列为中国绘画艺术的专门学科。花鸟画从广义讲，应包括花鸟、禽兽、昆虫、鱼等题材。

1）写意花鸟。此类花鸟画重视神似，忽略形似，追求“像与不像之间”，以此来传达对象的神韵，表达作者的情感。构图上，注重虚实结合，舍弃无用的部分，突出主体；技法上，没有山水画的气势磅礴，但具体细致，没有人物画的内容丰富，但却有空灵的意境。

齐白石作为当代写意花鸟的代表艺术家，他拥有着深厚的中华传统文化艺术底蕴，不仅在绘画方面有着经典的作品，同时也在其他传统艺术领域中有着卓越的成就，打造出只属于一人的独有风格。齐白石将写意发挥到了极致，作品题材几乎涵盖了所有的主题，山水、花鸟、鱼虫、走兽都能找到他的作品。无论是哪种题材，都给人一种跃然于纸上的生命之感，达到了传神无比的境界。更可贵的是，他能将工笔与写意巧妙地结合，挥洒自如，变化万千，将勃勃生机展现于方寸之间，风格独树一帜。图 2-22 和图 2-23 为《齐白石作品集》中的部分内容。

2）工笔花鸟。工笔花鸟画是中国传统绘画重要流派之一，也是世界艺术宝库中的一颗璀璨夺目的明珠。它与写意花鸟画相对应，是运用中国特制的毛笔、中国画颜料，在专用的熟宣纸或矾绢上进行严谨精致花鸟画创作的一种特殊的画种与技法。

工笔花鸟画多以中锋用笔的铁线描、高古游丝描来进行结构塑造，表现方法工整细致，先勾勒，再染色，设色艳丽，富有装饰性。在对花鸟描绘的过程中，通过白描造型、勾勒填彩，再采用分染、罩染、统染、点染、接染、撞水等技法描绘对象，产生栩栩如生、精致动人的视觉效果。中国工笔花鸟画在精神内涵上，以形传神，形神兼备，崇尚意境和情趣，追求主观精神的表达和体现，因此，工笔画是“笔工而意写”。

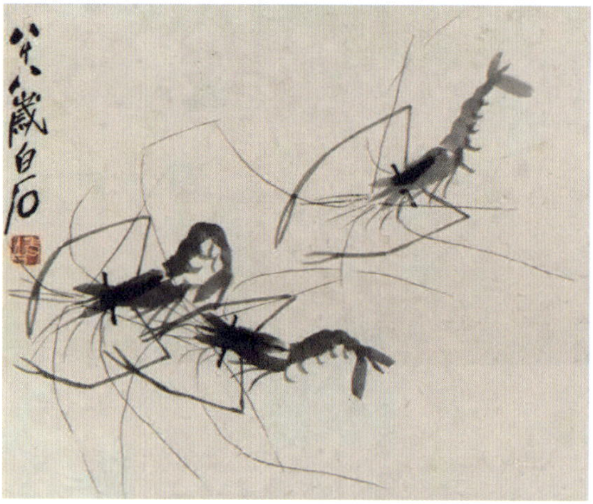

图 2-22 《齐白石作品集》-1

图 2-23 《齐白石作品集》-2

黄筌的《写生珍禽图》（图 2-24）包含数十种鸟虫，其中有乌龟、牵牛、蜜蜂、蚱蜢、斑鸠、鹡鸰、山雀等。每种动物都描绘得十分精巧。鸟身上的细节都具有非常强烈的真实感，而且造型各异，仿佛即将从画面中飞出。两只乌龟是从侧上方俯视的角度进行描绘，透视关系准确精到，显示了作者娴熟的造型能力和精湛的笔墨技巧，令人赞叹不已。

图 2-24 《写生珍禽图》（黄筌）

黄筌的《雪竹文禽图》（图2-25）描绘了水边的岸上，所有景物都布满积雪，皑皑一片，柳枝竹叶亦在积雪中努力伸展；池塘上，雾气一片，水天一色，一片清寒静寂的景致，在静寂中又寓有生机。画中笔法奇峭，精细而又简洁，石的画法简练含蓄，竹树则枝叶具体，而鸟和两只野鸭则更生动传神。画中用墨洁净，设色简淡，是一种与精工富丽完全不同另一种画风。

图2-25 《雪竹文禽图》（黄筌）

（3）人物画。中国的人物画是中国画中的一大画科，出现较山水画、花鸟画等为早，大体分为道释画、仕女画、肖像画、风俗画、历史故事画等。人物画力求将人物个性刻画得逼真传神，气韵生动、形神兼备。其传神之法，常把对人物性格的表现寓于环境、气氛、身段和动态的渲染之中。故中国画论上又称人物画为“传神”。历代著名人物画有东晋顾恺之的《洛神赋图》卷（图2-26、图2-27），五代南唐顾闳中的《韩熙载夜宴图》，北宋李公麟的《维摩诘像》，南宋李唐的《采薇图》等。

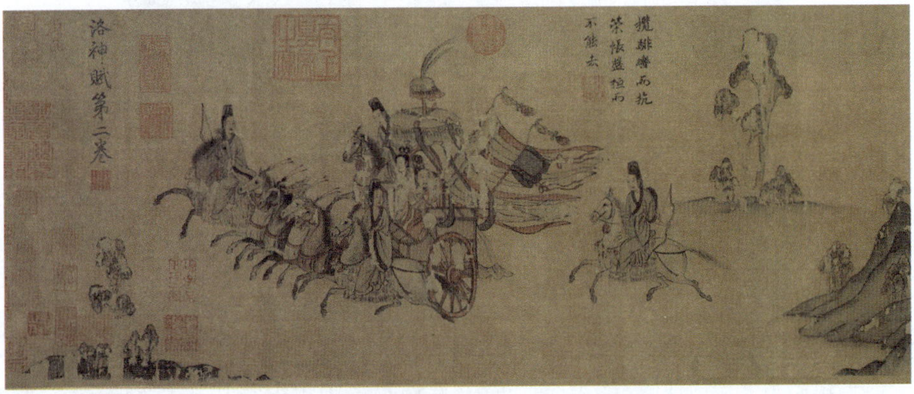

图2-26 《洛神赋图》（部分-1）（顾恺之）

图 2-27 《洛神赋图》（部分 -2）（顾恺之）

以《洛神赋图》为例，在人物活动与环境景物的关系上，抒情性的作品往往利用创造意境氛围来烘托人物情态，叙事性的作品多采取横幅或长卷构图，尤善于以环境景物或室内陈设划分空间，采用主体人物重复出现的方法，把发生在一段时间过程中的事件一一铺叙，突破了统一时空的局限。

1）道释画。道释画是人物画的一种。以道教、佛教（释教是佛教在中国的别称）为内容的绘画，如图 2-28 所示。魏晋、南北朝以来，宗教画极盛，名家辈出，所作以壁画为多。

图 2-28 《罗汉图》（徐永生）

2）仕女画。仕女画是人物画的一种，也可以写作“士女画”。原指以封建社会中，上层士大夫和妇女生活为题材的国画。后为人物画科中，专指以上层妇女生活为题材的一个分目。现在，仕女画的概念已经拓宽到指一切以女性为主题的国画作品。代表作是张萱的《虢国夫人游春图》，如图 2-29 所示。

图 2-29 《虢国夫人游春图》（张萱）

3）肖像画。肖像画是人物画的一种。专指描绘或表现人物形象的国画。可分头像、半身像、全身像、群像等。东亚很早就有肖像画。西方的肖像画发展自文艺复兴时期。随着摄影技术的发展，肖像画也进入了摄影领域。中国的肖像画的传统称谓有“传神”或“写真”，它是以现实生活中或历史上客观存在的人物为描绘对象，通过以形写神、迁想妙得等创作方法，着重刻画人物本身特定的外形特征和内在神韵，获得形神兼备的效果。代表作是杨之光的《画家石鲁》，如图 2-30 所示。

图 2-30 《画家石鲁》（杨之光）

4）风俗画。风俗指某时代普遍的社会生活习俗。风俗画就是以这类习俗生活为题材的绘画，它采取客观的视角，真实地描绘社会习俗的场景，富有诗情画意，并不带政治的、宗教的或伦理的价值判断，如图 2-31 所示。

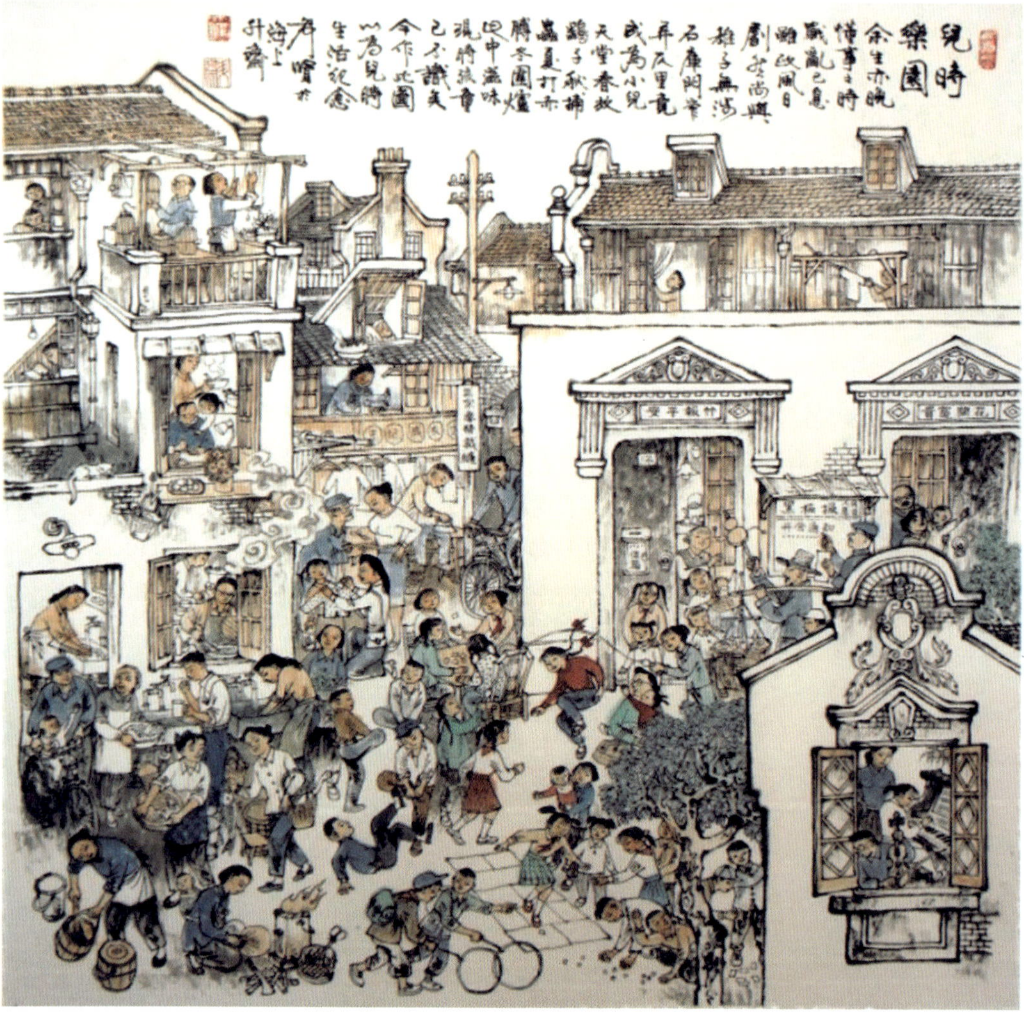

图 2-31　风俗画

2. 国画技法

（1）没骨。国画，尤其是水墨画，讲究精、气、神，对画的意境有很高要求，因此国画又有许多技法，没骨画就为一例。

没骨画不同于工笔和写意，没骨的“没”字，即淹没而含蓄之意，其精要在于将运笔和设色有机地融合在一起，不用勾勒轮廓，不要打底稿，更不能放底样拓描。作画时，要求画者胸有成竹，一气呵成。在书法中，把笔锋所过之处称为“骨”，其余部分称为“肉”。没骨画将墨、色、水、笔融于一体，在纸上予以巧妙结合，重在蕴意，依势行笔。图 2-32 为没骨花鸟画。

图 2-32 没骨花鸟画

（2）白描。中国绘画中，以淡墨勾勒轮廓或人物，而不设色者，谓之白描。白描在人物画中十分重要，仅以线条便能将神态表达臻于完美。白描多半是中锋直悬的线条最难遒劲，故极易见画者之功力。

历代白描画家名手辈出，传派各不相同，最有名的两位画家分别是顾恺之与吴道子。顾恺之为铁线描的代表人物，吴道子则是兰叶描的代表人物。此外白描的描法还有高古游丝描、琴弦描、行云流水描、钉头鼠尾描、橛头描、曹衣描、折芦描、橄榄描、枣核描、柳叶描、竹叶描、战笔水纹描、减笔描、柴笔描、蚯蚓描等，这些描法中有依形状而名，有依用笔而名，各具特色。图 2-33 和图 2-34 为白描作品。

图 2-33 《免胄图》（局部）（李公麟）

图 2-34 《八十七神仙图》（局部）（吴道子）

（3）界画。界画图作画时使用界尺引线而得名，是中国绘画中别具特色的一个门类。将一片长度约为一支笔的三分之二的竹片，一头削成半圆磨光，另一头按照笔杆粗细刻一个凹槽，作为辅助工具。作画时把界尺放在所需部位，将竹片凹槽抵住笔管，手握画笔与竹片，使竹片紧贴尺沿，按界尺方向运笔，能画出均匀笔直的线条。界画适用于画建筑物，其他景物用工笔技法配合，因此也称为“工笔界画”。界画的美学特征可以概括为精准、序列美与空间美。图 2-35 和图 2-36 为界画。

图 2-35 《宫苑图》（黄秋园）

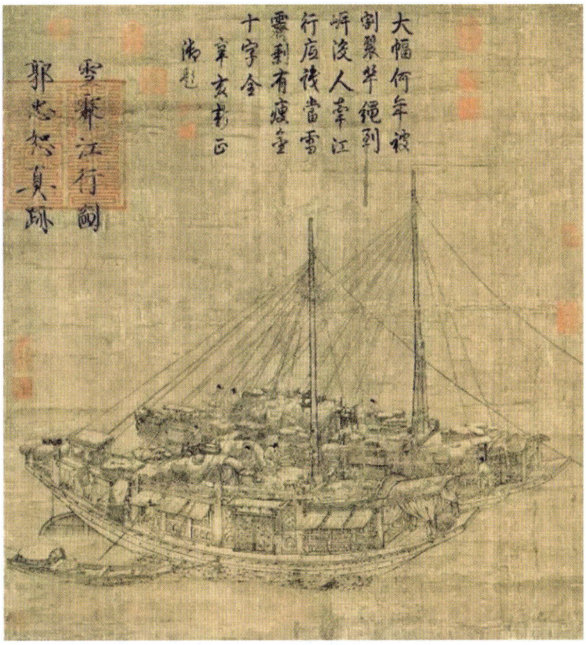

图 2-36 《雪霁江行图》（郭忠恕）

（4）指画。指画是中国传统绘画中的一种特殊的画法。即以画家的手指代替传统工具中的毛笔蘸墨作画，别有特殊趣味和技巧，故被称为指画。指画作品如图 2-37 所示。

图 2-37 《怒容钟馗图》（左）《高岗独立图》（右）（高其佩）

思考与讨论

1. 绘画的“三大构成”是什么？
2. 素描的特点是什么？
3. 国画的绘画工具有哪些？
4. 国画中的界画有哪些特点？
5. 国画与西方绘画在分类上有什么差异？
6. 国画中的工笔画与西方的真实主义油画有什么联系？

第 2 讲 作品赏析——中外建筑美学

一、中国建筑美学

中国是世界文明古国之一，古代中国建筑与古埃及建筑、古西亚建筑、古印度建筑、古爱琴海建筑、古美洲建筑共为世界六支原生的古老建筑体系。根据时间划分，中国建筑可以分为中国古代建筑与中国近现代建筑，其中，中国古代建筑分类如下。

1. 木构架建筑

（1）木构架建筑的特色。中国古代的木构架建筑体系在汉代已经基本形成，到唐代达到成熟阶段，其是中国古老而灿烂的历史文化的重要组成部分，具有鲜明的民族特征，对人类社会产生了深远影响。

中国古代木构架的结构体系到东汉时期，已明确形成抬梁式和穿斗式两种基本的构架形式，如图 2-38 所示。

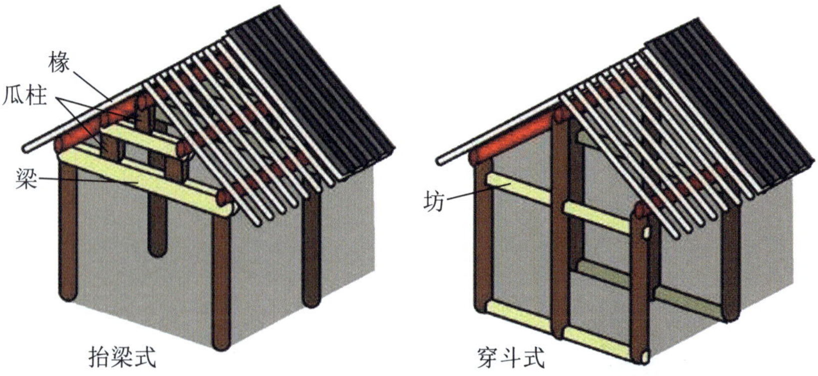

图 2-38 抬梁式木构架与穿斗式木构架

1）抬梁式木构架。抬梁式木构架多用于宫殿、庙宇等规模较大的建筑物，北方地区民居等小型建筑也多采用这种结构形式。

2）穿斗式木构架。穿斗式又称为“串逗式”“立贴式”，这种木构架的柱子之间没有梁，材料断面小，节省木材，结构体式的整体性强。

（2）木构架建筑的组成。北宋著名匠师喻皓在《木经》中说：“凡屋有‘三分’：自梁以上为‘上分’，地以上为‘中分’，阶以下为‘下分’。”即我们所说的屋顶、屋身、台基，它们是单体建筑立面的三大组成部分。

1）台基。台基一般由台明、台阶、月台、栏杆四个部分组成，当然，在中国古代漫长的岁月里，台基的建造也发生了变化，比如，宋代的台基风格清秀细腻，清代的台基风格庄重成熟（图2-39）。

图2-39 太和殿台基

2）屋身。屋身由大木作、小木作、彩画、墙体、雕刻组成。大木作是指柱、梁、枋、檩等组成的主要结构部分；小木作则指装修部分，也就是我们现在的硬装、软装。

3）屋顶。中国古代建筑的屋顶形式非常丰富，也是最能体现中国古代建筑形式特征的重要元素。屋顶有庑殿顶、歇山顶、悬山顶、硬山顶、卷棚顶、攒尖顶、盝顶、单坡、平顶、囤顶等，在实际建筑中还有一些变体，部分屋顶形式如图2-40所示。

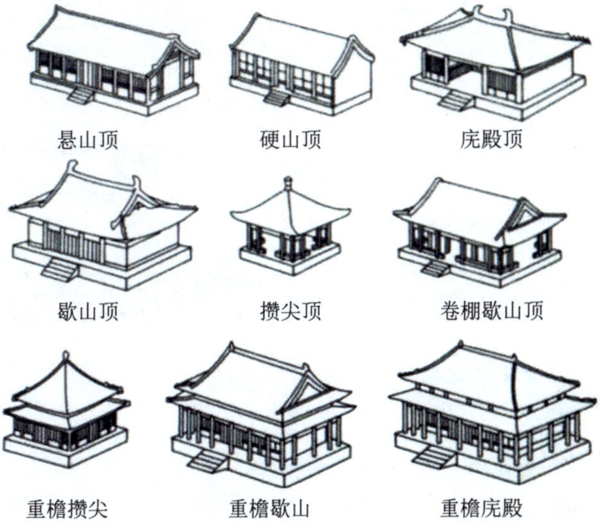

图2-40 屋顶样式

2. 城池、民居、园林建筑

（1）城池。城池的兴建一开始是为了躲避野兽与预防侵袭，是早期城市的雏形。至宋代，城池中出现了大量的商店、酒肆、货栈、店铺，彻底改变了城池内各个空间封闭、相互独立的状态，使各部分有机联系起来。

（2）民居建筑。我国现存的传统民居以清代建造的民居为主，明代古民居较少。王希孟的《千里江山图》和张择端的《清明上河图》（图 2-41）中对宋代的住宅形式与市井生活都有生动的描绘。因为受地域、气候、自然环境、资源、社会风俗、宗教信仰等因素的影响，各地传统民居建筑种类繁多，差异较大。

图 2-41　清明上河图（部分）

1）宏村。被联合国专家誉为“举世无双的小城镇水街景观”的宏村，位于安徽省黟县，背靠黄山，是中国传统建筑的璀璨明珠。宏村地势较高，常年云雾缭绕，四面苍翠的山色与老百姓的粉墙青瓦相互交织倒映在水中，从高处看，人、建筑与大自然融为一体，被誉为“中国画里的乡村”，如图 2-42 所示。

图 2-42 宏村

八九百年前的宏村祖先在建村时，为了预防水灾，便有先建水系后依水系而建村的前瞻。现在村中各户都有水道相通，有的甚至有清水从院中缓缓流过，清水绕过家家户户，常年流水不断，使静谧的山村有了动感，村庄有了水一样的灵性。

2）北京四合院。北京四合院作为北京人世代居住的主要建筑，驰名中外，世人皆知。自元代正式建都北京，四合院就出现了。北京的四合院不仅院落宽绰舒朗，起居方便，而且蕴涵着深刻的文化内涵，是中华传统文化的载体，如图 2-43 所示。

图 2-43 北京四合院

3）福建土楼。福建土楼是一种富有岭南特色的典型客家民居建筑，也是客家建筑文化的集中体现。土楼的建筑整体是一个大圆形，形似太极八卦图，寓意天圆地方，体现了天人合一的哲学思想，如图 2-44 所示。福建土楼是客家文化的重要象征，在第 32 届世界遗产大会上，被正式列入《世界遗产名录》。

图 2-44 福建土楼

3. 园林建筑

（1）苏州园林。苏州园林是指中国苏州城内的园林建筑，以私家园林为主，起始于春秋时期的吴国建都姑苏时（公元前 514 年），形成于五代，成熟于宋代，兴旺于明代，鼎盛于清代。苏州园林普遍占地面积不大，但以意境见长，以独具匠心的艺术手法在有限的空间内点缀安排，移步换景，变化无穷。苏州园林把自然界中的山、水、林引入自家的庭院，在一个比较小的空间里，平添了许多自然情趣，给人的美感仍然是自然的、清新的、简朴的。图 2-45 为苏州拙政园。

图 2-45 苏州拙政园

（2）北京颐和园。颐和园是中国清朝时期皇家园林，其前身为清漪园，坐落在北京西郊，全园占地 3.009 平方公里。它是以昆明湖、万寿山为基址，以杭州西湖为蓝本，汲取江南园林的设计手法而建成的一座大型山水园林，也是保存最完整的一座皇家行宫御苑，被誉为“皇家园林博物馆”，如图 2-46 所示。

图 2-46　北京颐和园

（3）承德避暑山庄。承德避暑山庄又名“承德离宫”或“热河行宫”，是世界文化遗产、国家 AAAAA 级旅游景区、全国重点文物保护单位、中国四大名园之一，如图 2-47 所示。山庄位于河北省承德市中心北部，武烈河西岸一带狭长的谷地上，是清代皇帝夏天避暑和处理政务的场所。避暑山庄分宫殿区、湖泊区、平原区、山峦区四大部分。山庄始建于 1703 年，并在 1961 年被公布为第一批全国重点文物保护单位，于 1994 年列入《世界遗产名录》。

中国传统建筑的和谐美表现在建筑与自然的和谐、不同建筑文化间的和谐、建筑与建筑之间的和谐和建筑自身的和谐。

图 2-47　承德避暑山庄

4. 宗教建筑

（1）佛教建筑。

1）山西五台山南禅寺。山西五台山在唐代已经是我国的佛教中心。南禅寺位于今山西省五台县李家庄，是一座规模不大的山区寺院，南禅寺创建年代不详，殿内大小泥塑17尊，绝大部分是唐代的原塑，是现存唐代塑像的精品，如图2-48所示。

图2-48 山西五台山南禅寺

2）西藏布达拉宫。布达拉宫是历代达赖喇嘛摄政、住居、理政、礼佛的地方，也是规模最大的喇嘛教寺院建筑群，如图2-49所示。相传布达拉宫始建于7世纪的松赞干布时期，是松赞干布为迎娶文成公主而建，后毁于大火。1645年，五世达赖喇嘛重建布达拉宫，历时50年。

图2-49 西藏布达拉宫

（2）道教建筑。山西芮城县永乐宫是道教全真派的重要宫观，在建筑形式、建筑装饰和壁画方面有许多创新之处，永乐宫原址在山西省永济县永乐村，传说这里是道教仙人吕洞宾的故乡。相比于永乐宫建筑，永乐宫内壁画更是闻名天下，如图2-50所示。

图2-50　永乐宫壁画

5. 宫殿、坛庙、陵墓建筑

（1）宫殿。对中国的古城建筑而言，其中轴线是讲求秩序的突出表现。北京古城从南面的永定门开始，经正阳门、天安门、紫禁城，到北面是安定门，一方面表示皇权至上，一方面表示皇恩浩荡，表现了最基本的社会政治秩序。北京故宫（图2-51）正位于北京中轴线的中心。

北京故宫内的建筑分为外朝和内廷两部分。外朝的中心为太和殿、中和殿、保和殿，统称三大殿，是国家举行大典礼的地方。三大殿左右两翼辅以文华殿、武英殿两组建筑。内廷的中心是乾清宫、交泰殿、坤宁宫，统称后三宫，是皇帝和皇后居住的正宫。其后为御花园。后三宫两侧排列着东、西六宫，是后妃们居住休息的地方。东六宫东侧是天穹宝殿等佛堂建筑，西六宫西侧是中正殿等佛堂建筑。外朝、内廷之外还有外东路、外西路两部分建筑。北京故宫是世界上现存规模最大、保存最为完整的木质结构古建筑之一，是国家AAAAA级旅游景区、全国重点文物保护单位、世界文化遗产。北京故宫的布局特点是“左祖右社”“前朝后寝”“左右对称”“外朝内廷”。

图 2-51 北京故宫博物院

（2）坛庙。北京天坛是明清两代帝王祭天和祈求五谷丰登的地方，也是目前保存最为完整的占地面积最大的中国古代建筑群，如图 2-52 所示。

图 2-52 北京天坛

（3）陵墓。明十三陵位于北京城北 45 公里的天寿山麓，建于 15 世纪初到 17 世纪中叶。明朝迁都北京后，从永乐到崇祯共 14 代皇帝，除景泰帝葬于北京西郊金山外，其他十三位皇帝都葬于此，故称明十三陵，如图 2-53 所示。

图 2-53 明十三陵

6. 中国近现代建筑

中国近现代建筑史的时间是从 1840 年第一次鸦片战争开始的，无论是官方建筑还是民居，甚至祠堂都受到了外来因素的影响。

（1）西方复古主义、折中主义的影响。这些建筑形式完美，风格独特，形成近代中国城市的特色风貌，例如上海的万国博览建筑（图 2-54）、青岛的德国式建筑风格、东北近代西式建筑以及哈尔滨的俄罗斯式建筑风格。

图 2-54 上海的万国博览建筑

（2）新艺术运动的影响。新艺术运动建筑在哈尔滨、长春等地相继出现，代表建筑有哈尔滨火车站（1903 年，基特维奇）（图 5-55）、哈尔滨中东铁路管理局办公楼（1904 年，尼索夫）等。

图 2-55 哈尔滨火车站

（3）装饰艺术与现代主义的影响。装饰艺术运动源于 1925 年在法国巴黎举行的“装饰艺术与现代工业国际博览会”，博览会主张现代的机械制作之美。装饰艺术运动传入中国后，主要集中体现在上海、天津等地的建筑上，代表建筑有公和洋行设计的上海沙逊大厦（1929 年）（图 2-56 中间）、匈牙利建筑师邬达克设计的上海国际饭店（1934 年）。

图 2-56 上海沙逊大厦

（4）对民族形式追求的影响。近现代时期，对于中国民族建筑形式的追求主要有三次大的运动思潮，一次是近代时期的“中国固有式建筑”的兴起，第二次是新中国成立初期对民族形式的追求，第三次则是改革开放初期民族情感的再次爆发，尽管促成其发展的动因有所不同，但都对传统文化在近现代建筑创作中的思考起到了极大的推动作用。这一时期的主要代表建筑有：人民英雄纪念碑（1949—1958年，梁思成等）、北京香山饭店（1982年，贝聿铭）（图2-57）、北京火车站（1959年，陈登鳌）和民族文化宫（1959年，张镈）（图2-58）、苏州博物馆新馆（2002—2006年，贝聿铭）、新北京饭店（1954年、戴念慈）、南京大学东南楼（1953年，杨延宝）、重庆西南人民大礼堂（1954年，张家德）等。

图2-57 香山饭店

图2-58 民族文化宫

1）改革开放前的建筑，以北京“十大建筑”为标志（图 2-59、图 2-60），从设计到施工都体现了高质量和高速度，是当时国内的最高水平。

图 2-59　北京人民大会堂

图 2-60　北京国家历史博物馆

2）自改革开放以来，我国的建筑行业呈现多元化发展，建筑风格异彩纷呈，这三十年是中国建筑史上思想最活跃、作品最丰厚、发展最迅猛的时期。这一时期的代表作有广州白天鹅宾馆（1983 年，佘畯南、莫伯治）、中国国际展览中心（1985 年，柴裴义）、国家奥林匹克体育中心、上海金茂大厦、环球金融中心、上海中心大厦、中国国家大剧院（图 2-61）等。

图 2-61　中国国家大剧院

二、西方建筑美学

1. 西方古代建筑

（1）古希腊建筑。古希腊建筑的精髓之处在于古典柱式，以及由此衍生出来的结构与装饰形式。古希腊建筑的形制、石材制作的梁柱构件及其组合的艺术形式，以及建筑和建筑组群布局的设计原则，都深深地影响了西方两千年来的建筑发展史。恩格斯曾说道：“希腊建筑表现了明朗和愉快的情绪，它如同灿烂的阳光照耀着的白昼。”图 2-62 为帕特农神庙。

图 2-62　帕特农神庙

（2）古罗马建筑。古罗马人善于构想，更看重实践，注重建筑的外部形式，同时也关注建筑内部空间的设计。例如罗马大角斗场（图 2-63），在古罗马的帝国时代，角斗比赛已经完全成为一种公共娱乐活动，角斗场遍布于各地城市中。角斗不仅在角斗士之间进行，也在角斗士与野兽之间展开。罗马角斗场建于 72—80 年，最多时可容纳 3000 人参加。

图 2-63　罗马大角斗场现状

2. 西方中世纪建筑

建筑史学家将 5 世纪末西罗马帝国衰亡到哥特式教堂兴起这段时间的建筑称为欧洲中世纪建筑。在中世纪时期，由于政教合一，再加上连年战争，生灵涂炭，辉煌的古典建筑技术与艺术被遗忘，因此历史上也称之为“黑暗的中世纪”。欧洲中世纪的建筑主要经历了早期基督教建筑、拜占庭建筑、罗马风建筑和哥特式建筑等主要历史阶段。

（1）早期基督教建筑。313 年，君士坦丁皇帝下令批准基督教徒可以公开信教，从而确立了基督教的合法地位。在古罗马帝国之后的相当长的一段时间，欧洲乃至世界建筑都与基督教紧紧联系在一起。早期基督教建筑风格如图 2-64 所示。

（2）拜占庭建筑。330 年，君士坦丁大帝把帝国的首都从罗马迁到了黑海口上的拜占庭，后将其改名为君士坦丁堡，也就是今天的伊斯坦布尔。拜占庭建筑的最大成就是创造性地使用了帆拱，并通过帆拱将穹顶支撑在四个独立支撑结构上。

例如位于现今土耳其的伊斯坦布尔的圣索菲亚大教堂就是拜占庭建筑，其建于 532—537 年，动用了 1 万名工匠，耗资折合 14.5 万公斤黄金。教堂全貌如图 2-65 所示。

图 2-64 早期基督教建筑

图 2-65 圣索菲亚大教堂

（3）罗马风建筑。10 世纪时，建筑师们在寻求建筑复兴的新途径时，开始模仿罗马人的拱券结构和巴西利亚的空间布局形式，甚至直接在古罗马建筑的废墟进行新建筑的建造。因此，到 19 世纪时，建筑评论家们便将 11 至 12 世纪在西欧流行的这一建筑形式称为“罗马风”。罗马风建筑是哥特式建筑的基础，其特征为墙体厚重、风格质朴、很少有装饰，并首次将钟楼组合到教堂建筑中。图 2-66 中的比萨大教堂即罗马风建筑。

图 2-66　比萨大教堂

（4）哥特式建筑。12 至 13 世纪，西欧的建筑又出现了一次新的高峰，即哥特式建筑，它在技术和艺术上都有着强烈的独特性，代表了西方建筑史自中世纪以来的最高成就，对欧洲各地的建筑，特别是教堂影响巨大。哥特式建筑屋顶围护部分厚度、重量大大减少，并全部使用双圆心的尖券和尖拱，解决了教堂内部采光不足的难题，同时，建筑的高度有了质的突破。图 2-67 中的巴黎圣母院和图 2-68 中的科隆大教堂即哥特式建筑。

图 2-67　巴黎圣母院

图 2-68 科隆大教堂

3. 文艺复兴与古典主义建筑

（1）意大利文艺复兴建筑。哥特式建筑的出现，标志着西欧中世纪已经到了晚期，神权不再笼罩一切，市民文化开始抬头，人文主义觉醒了。历史再向前迈一步，西欧就进入了一个文化全面繁荣的新时期——文艺复兴。文艺复兴的指导思想是人文主义，美第奇家族统治下的佛罗伦萨是文艺复兴的发源地，而罗马是文艺复兴的兴盛期和晚期的中心。这一时期代表建筑有佛罗伦萨大教堂（图 2-69）、育婴院、美第奇府邸、圣彼得大教堂（图 2-70）、威尼斯圣马可广场（图 2-71）、圆厅别墅；代表人物有米开朗基罗、拉斐尔、维尼奥拉、阿尔伯蒂、帕拉帝奥等。

图 2-69　佛罗伦萨大教堂

图 2-70　圣彼得大教堂

图 2-71　威尼斯圣马可广场

（2）意大利巴洛克建筑。巴洛克一词来源于葡萄牙语，原意是扭曲的珍珠，巴洛克建筑是17—18世纪在意大利文艺复兴建筑基础上发展起来的一种建筑和装饰风格。其形式与风格具有明显的反叛意味，巴洛克的建筑外部是流动的，表现热情与动荡，追求强烈的体积与光影变化，更具有装饰性。代表作品有罗马耶稣会教堂新立面、梵蒂冈圣彼得大教堂中厅和立面、纳沃纳广场（图2-72）等。

图2-72 纳沃纳广场

（3）法国古典主义建筑。法国古典主义形成在民族国家的中央集权专制制度之下，是法国的宫廷文化，它的兴盛与衰落都与法国封建王权的命运息息相关，对后来的古典风格建筑产生了深远的影响。巴黎的卢浮宫、凡尔赛宫、残疾军人教堂、旺多姆广场都是这一时期的代表作。与文艺复兴时期的建筑强调的艺术家的个性不同，法国古典主义建筑炫耀的是封建王权的权威。

商堡（图2-73），建造于1526—1544年，是法国国王狩猎的行宫，也是法国统一后第一个真正的宫廷建筑。商堡代表着建筑史上一个新时期的开始。整个建筑散发着晚期哥特式建筑的气息，同时也体现了初期柱式与法国传统建筑之间的矛盾。

路易十四时期的代表性艺术不是具体建筑，也不是绘画和雕刻，而是皇家园林（凡尔赛宫，图2-74）。其规模宏大的几何构图、庞大的跌落式喷泉和大面积的宁静水面、众多的艺术雕塑是公认的古典主义造园手法。

图 2-73　商堡

图 2-74　凡尔赛宫

4. 西方近现代建筑

（1）复古思潮中的欧美建筑。从 18 世纪 60 年代到 19 世纪末流行于欧美的复古思潮主要有新古典主义、浪漫主义和折中主义。

巴黎先贤祠。巴黎先贤祠（图 2-75）建成于 1791 年，主要建筑师为苏夫洛，这座建筑本来是巴黎守护者圣吉纳维芙的教堂，后改为安葬伟人，哲学家伏尔泰、卢梭，文学家雨果、左拉等许多名人都安葬于此。

图 2-75 巴黎先贤祠

英国国会大厦。英国国会大厦的出现是浪漫主义建筑在英国兴盛的标志，它坐落在波光粼粼的泰晤士河边，数座高高耸立的哥特式风格的高塔被称为伦敦最显著的地标之一，如图 2-76 所示。

图 2-76 英国国会大厦

巴黎歌剧院。巴黎歌剧院（图 2-77）是法兰西第二帝国的重要纪念物，是世界上最大的歌剧院之一，它的立面是意大利晚期的巴洛克风格，并掺杂了烦琐的洛可可雕饰，是折中主义最负盛名的代表作。巴黎歌剧院的艺术形式在折中主义建筑中有很大影响。

图 2-77　巴黎歌剧院

圣彼得堡夏宫。1717 年，彼得大帝在第二次出访巴黎时，被凡尔赛宫的豪华壮观深深吸引，亲自规划了夏宫：在高地上的宫殿一字排开，和远处的海岸线平行，两者之间是几何式的巨大园林，渠水像瀑布一样层层跌落，流入大海，如图 2-78 所示。

图 2-78　圣彼得堡夏宫

怀着对新建筑的探求，19世纪下半叶到20世纪初，工业革命的迅猛发展，使人们的社会生活和思想观念都发生了翻天覆地的变化，西方建筑的传统形制和美学体系的追求也从唯美转向“技术”与“功能”。同时，建筑材料的极大丰富，为新形式的出现创造了技术条件和基础。这一时期的代表作埃菲尔铁塔，高324米，塔上设有水力升降机，铁塔共使用18038个铁制构件，250万根铆钉，重达10100吨，如图2-79所示。

图2-79　埃菲尔铁塔

（2）两次世界大战期间的现代主义建筑。两次世界大战给世界人们带来了巨大损失，战争涉及的区域内民用建筑的建造基本陷于停顿状态，当战争结束后，在对新建筑巨大的需求中，现代主义建筑出现了。现代主义建筑初期以德国、法国为中心，以沃尔特·格罗皮乌斯（1883—1969年）、勒·柯布西耶（1887—1965年）和密斯·凡·德·罗（1886—1969年）为代表的青年建筑师，主张服务大众、崇尚功能第一、尊重材料——尤其是以钢铁、玻璃和混凝土为代表的现代材料，反对一切历史样式和奢侈装饰。

1）沃尔特·格罗皮乌斯与包豪斯。沃尔特·格罗皮乌斯是最早主张走建筑工业化道路的建筑师，他将德国现代主义思想带到了英国，对英国的现代建筑的发展起到了推动作用。代表性作品是包豪斯新校舍（图2-80），这一建筑将实用功能、材料、结构和建筑艺术紧密结合起来，降低造价，节省建筑投资，符合现代社会大量建造实用性建筑的需要。包豪斯新校舍是第一座真正意义上的现代主义建筑。

2）勒·柯布西耶与新建筑五要点。1926年，勒·柯布西耶在设计布洛涅的库克别墅时出版了《建筑五要素》，在书中他提出了“新建筑五要点”：①底层架空；②屋顶花园；③自由平面；④横向长窗；⑤自由立面。这些特点在勒·柯布西耶后来设计的萨伏伊别墅中全部得以实施。

图 2-80　包豪斯新校舍

3）密斯·凡·德·罗（简称“密斯”）与钢铁、玻璃之缘。密斯与勒·柯布西耶的经历是十分相似的，作为石匠之子的他几乎没有受过任何正规学校的建筑教育，他的知识基本都来源于建筑实践中。1927 年，密斯受德国政府委托设计了在西班牙巴塞罗那举行的世界博览会德国馆，即后来举世闻名的“巴塞罗那德国馆”，如图 2-81 所示。

图 2-81　巴塞罗那德国馆室内

4）弗兰克·劳埃德·赖特与有机建筑。弗兰克·劳埃德·赖特是美国现代主义建筑中最具有代表意义的先驱人物，也是20世纪美国最重要的建筑师，现代主义建筑的奠基人之一。他建立了“有机建筑”的理论体系，他的一生的经历被拍成了电影——《源泉》。弗兰克·劳埃德·赖特设计的流水别墅在2000年12月在美国建筑学会评选出的20世纪美国十大建筑中排名第一，如图2-82和图2-83所示。

图2-82　流水别墅外观

图2-83　流水别墅起居厅

（3）二战后现代主义建筑。二战后许多欧洲杰出的建筑大师纷纷移居美国，美国成为现代主义运动的前沿地。现代主义建筑突出建筑结构，强调简单、明确的造型特点，且强调工业化的特点。其中，具有代表性的流派主要有粗野主义、典雅主义、有机功能主义等。

粗野主义，有时也被翻译为野兽派或野兽主义，粗野主义风格的建筑看上去跟摸起来一样粗糙，如英国国家剧院（建成于 1976 年），如同一件件巨大而沉重的雕塑品，一块块巨大的房屋部件，连同粗大而毛糙的混凝土横梁，粗鲁地碰撞在了一起，如图 2-84 所示。

图 2-84　英国国家剧院

典雅主义，主要形成在美国，追求建筑结构和形式的精细与典雅，代表作品有哈里逊、约翰逊等设计的纽约林肯表演艺术中心（图 2-85）、西雅图世界博览会美国科学馆、美国纽约世界贸易中心等。

图 2-85　纽约林肯表演艺术中心

（4）同时代的代表建筑师。

1）马歇尔·布劳耶，典型的第二代现代主义建筑大师，首创钢管家具，为现代家具设计奠定了非常重要的基础。马歇尔·布劳耶强调建筑立面的丰富构造和光影变化，并设计了一批重要的大型项目，其中最著名的是巴黎联合教科文组织总部大楼（1953—1958 年），如图 2-86 所示。

图 2-86　巴黎联合教科文组织总部大楼

2）爱德华·斯东，美国人，国际主义风格建筑师，典雅主义的代表人物。他设计的美国驻印度新德里的使馆建筑群外观端庄典雅、金碧辉煌，成功地体现出当时美国想在国际上营造的既富有又技术先进的形象。爱德华·斯东的代表作品约翰·肯尼迪表演艺术中心是典雅主义风格的代表作品，如图 2-87 所示。

图 2-87　约翰·肯尼迪表演艺术中心

3）埃罗•沙里宁，出生于芬兰的基尔科努米，父亲老沙里宁是世界著名的现代建筑大师，分离派建筑的奠基人。1953 年，埃罗•沙里宁设计了麻省理工学院的克莱斯格大会堂和学院的教堂，开始尝试新的设计手法，这种风格后来被称为有机功能主义。代表作品有圣路易斯拱门、纽约肯尼迪国际机场美国环球航空公司候机楼、华盛顿杜勒斯机场候机楼（图 2-88）。埃罗•沙里宁不仅是一名杰出的建筑家，还是一位天才的家具设计大师，他设计的“子宫椅子”“郁金香椅子”也在欧美家喻户晓。

图 2-88 华盛顿杜勒斯机场候机楼

4）山崎实，美籍日裔建筑师，他的设计风格和设计思想都受到日本传统文化和习俗的熏陶，著名的纽约世界贸易中心（图 2-89）就是他设计的。山崎实提出了现代建筑的六条原则，即建筑应该是欢愉的，给人的生活增添乐趣；建筑应该使人的精神振奋，反映人类追求的高尚品格；建筑必须有秩序感；建筑必须坦诚，结构体现明确；建筑必须采用最新的建筑技术和材料；建筑设计符合人的尺度，设计中注意人体工程学的原则，只有这样，建筑才能达到使人愉悦的目的。

图 2-89 纽约世界贸易中心

5）贝聿铭，美籍华人，1917年出生在中国广东，是现代建筑最重要的大师之一，也是比较少有的一直坚持现代主义建筑原则，避免使用任何历史装饰的建筑家之一。贝聿铭于1983年获得普利兹克建筑奖，成为获得该奖项的第一个华人。代表作品有波士顿肯尼迪图书馆（1964—1979年）、达拉斯音乐厅、达拉斯市政厅（图2-90）、巴黎卢浮宫扩建工程（图2-91）、香港中银大厦（1990年）。

图2-90　达拉斯市政厅

图2-91　巴黎卢浮宫扩建工程

（5）现代主义之后的建筑思潮。在建筑历史的发展中，没有任何一种风格能够长久而持续地发展下去，在国际风格席卷世界各地时，人们已经开始萌生对现代主义建筑风格的反思，由此带来的一场革命性运动就是后来被称为后现代主义的建筑运动。从那时起，世界建筑的发展进入了一个不受约束、自由创新的时代。这一时代主要的代表建筑师和代表作品如下。

罗伯特•文丘里，1925 年出生在美国费城，是后现代主义建筑的奠基人之一。他最先提出后现代主义建筑理论，从而引发了后现代主义建筑运动，他的著作《建筑的复杂性与矛盾性》一书是后现代建筑理论的里程碑。代表作品有费城老年人公寓（1960—1963 年）（图 2-92）、瓦娜•文丘里住宅（1962—1964 年）（图 2-93）、富兰克林中心广场（1976 年）、伦敦国家美术博物馆圣斯布里厅（1991 年）等。

图 2-92　费城老年人公寓

图 2-93　瓦娜•文丘里住宅

迈克尔·格雷夫斯，1934年出生于美国印第安纳州，他的风格与罗伯特·文丘里完全不同，在后期的作品中大多具有古典主义的装饰符号，1980—1982年之间，格雷夫斯设计完成了设计生涯中最重要和影响最大的设计作品——俄勒冈州波特兰市政厅，该建筑被视为后现代主义的奠基作品之一，如图2-94所示。

图2-94　俄勒冈州波特兰市政厅

后现代主义建筑主要出现在美国，而在英国，诞生了高技派。在最初，高技派使用夸张甚至是裸露的方式来强调只有高科技是社会发展的动力。代表建筑家有理查德·罗杰斯、诺曼·福斯特、尼古拉斯·格雷姆肖等，他们的代表性作品如图2-95至图2-97所示。

图2-95　法国巴黎蓬皮杜文化中心

图 2-96　北京 T3 航站楼

图 2-97　伊甸园工程

20 世纪 80 年代后期，解构主义开始引起人们的广泛关注，代表建筑家有弗兰克·盖里、彼得·埃森曼、伯纳德·屈米、扎哈·哈迪德等，解构主义的建筑具有非常强的冲击性，有些作品与其说是建筑，不如说是雕塑更加准确，如图 2-98 至图 2-100 所示。

图 2-98 迪士尼音乐厅

图 2-99 古根海姆博物馆

图 2-100 柏林纪念犹太人被杀纪念馆

思考与讨论

1. 请列举中国古代建筑的类别。
2. 中国古建筑的结构特征是怎样的？请举例说明。
3. 西方古代建筑在发展历程上分为哪几个时期？每个时期的特点是什么？
4. 请举个例子谈谈中国和西方建筑的特点与区别。

第 3 讲 中外音乐美学

一、中国传统音乐欣赏

我国的音乐文化发展最早可追溯至新石器时代，在挖掘出的甲骨文中已经有一些可供研究的音乐文化史料。如果按照社会属性与音乐风格标准进行分类，大致可分为宫廷音乐、文人音乐、宗教音乐、民间音乐。

1. 宫廷音乐

宫廷音乐指的是历代朝廷在宫廷内部或朝廷仪式中为宫廷统治阶层而创作、演奏的音乐。如果按照演奏场合来分，大致可分为外朝音乐和内廷音乐两大类；按照功能性质分，可分为典制型音乐和娱乐性音乐。典制型音乐包括祭祀乐、朝会乐、卤簿乐；娱乐性音乐包括筵宴乐、行幸乐、吹打乐等。宫廷音乐为统治阶级、上流人士进行服务，在中国音乐历史中曾扮演过重要角色。

宫廷音乐的大部分乐曲具有优美纤细、清和典雅的基本风格，常一字一音，平稳进行，旋律起伏不大，主要演奏形式为齐奏，不允许演奏者自由发挥。

《论语》中记载“孔子在齐闻韶，三月不知肉味”，《韶》是传说中在四千多年前歌颂舜的一种史诗性歌舞，因它歌和舞的部分都要变化九遍，故又名《九歌》《九辩》。《韶》应是最早的宫廷音乐形式。

《霓裳羽衣曲》是唐玄宗主编的宫廷音乐，描写唐玄宗向往神仙而去月宫见到仙女的神话，其舞、乐、服饰都着力描绘虚无缥缈的仙境和舞姿婆娑的仙女形象，给人以身临其境的艺术感受。白居易有《霓裳羽衣舞歌和微之》诗，对此曲的结构和舞姿作了细致的描绘。全曲共用了36遍曲调，属最大型的大曲结构，融歌、舞、器乐演奏为一体，所用乐器与配器手法完全是民族化的，风格偏于优雅和飘逸，表现了中国道教的神仙故事。

1978年在湖北随县（今随州）擂鼓墩曾侯乙墓出土的曾侯乙编钟（图2-101），是战国早期曾国国君的一套大型礼乐重器，是国家一级文物，现藏于湖北省博物馆，为该馆“镇馆之宝”。曾侯乙编钟是至今世界上已发现的最雄伟、最庞大的乐器，被誉为古代世界的“第八大奇迹”。通过测定，曾侯乙编钟具有完整的十二乐音体系，打破了过去认为十二律是古希腊传来的说法。

图2-101　曾侯乙编钟

2. 文人音乐

文人，即古代的士，是中国社会中文化修养最高，知识最广的一个阶层，文人音乐审美以中和、平淡、含蓄为主，偏爱独唱、独奏的形式，节奏从容，音调细腻，情绪起伏平缓。文人音乐主要包括古琴音乐、词调音乐、吟诵音乐。

（1）古琴音乐。古琴音乐亦指琴乐，指使用古琴进行演奏的音乐，演奏形式有独奏、伴奏、重奏。古琴音乐、昆曲被看作保存着中国古代音乐的两大宝库。中国文人讲究琴棋书画，其中琴排在第一位，历代文人在古琴音乐的创造和发展的贡献主要表现在琴歌、琴曲、琴谱、琴论四个方面。接下来以琴歌和琴曲为例进行介绍。

琴歌大致有两种类型，一是来源于民间的音乐，如琴歌《花鼓》就与民歌《凤阳花鼓》有着“血缘关系”。二是文人自己创作的琴歌，如取自唐代诗人王维《送元二使安西》的《阳关三叠》、宋代岳飞的《满江红》、郭沔的《潇湘水云》等，这类作品一般具有一定的思想价值和艺术价值。

《潇湘水云》，中国古琴名曲，郭沔所作，郭沔，号楚望，浙江永嘉人，生卒年不详。郭沔在景定、咸淳间以琴知名于世。他的门生刘志方、徐宇形成了著名的琴派——浙派。《潇湘水云》创作于南宋末年，当时郭沔定居湖南衡山附近，借咏水光云影，在曲中表达了对元兵南侵，民族危亡的忧思之情。该曲艺术构思深刻、音乐结构严整、乐思纵横、情境交融，表现了水云掩映、烟波浩渺的艺术境界。

从记载数量来看，琴曲有2000多首，有曲谱传承的有650多首，被编为《琴曲集成》，现在已打谱的有100多首。在琴曲的发展过程中，主要分为文人创作琴曲，如嵇康的《嵇氏四弄》、阮籍的《酒狂》、郭沔的《潇湘水云》等；或者传承整理形成琴派，如南宋时期以郭沔为代表的浙派，明代初期以刘鸿为代表的江派，继承了宋天民的浙派，明代后期的虞山派、绍兴派、江派等。现存琴曲中比较著名的有《广陵散》《酒狂》《梅花三弄》《平沙落雁》《潇湘水云》《醉渔唱晚》《长门怨》《大胡笳》《小胡笳》《秋鸿》《楚歌》《离骚》《风雷引》《昭君怨》等。

《广陵散》又名《广陵止息》，是中国古代的一首大型琴曲，十大古琴曲之一。据《晋书》记载，嵇康在洛西游玩时，深夜抚琴，一白发老翁被其琴声所感，赠送乐谱。公元263年，嵇康临刑时，要求再弹一次《广陵散》。作为《广陵散》唯一的传人，嵇康死后，此曲终成绝响。嵇康作为文人音乐的代表人物，在音乐美学理论方面的探索和著述，主要记述在《声无哀乐论》《琴赋》两篇文章中，在文章中，嵇康从根本上否定了音乐教化的作用、音乐的情感作用，认为音乐的形式就是内容，这种观点与现在音乐中的“自律论”的美学观点是很接近的，但是嵇康的思想较之早了一千多年。

（2）词调音乐。词起源于隋代，是一种特定的与文学相结合的音乐形式，且与民间艺术有紧密联系。而我们在词调音乐中讨论的词，指的是唐宋时代的一种主要的文学形式，一种抒情诗体，是配合音乐可以歌唱的乐府诗。在经历了隋、唐发展以后，词在宋代进入了繁荣期。婉约派以晏殊、欧阳修、柳永为代表；豪放派以苏轼为创始人，代表词人有黄庭坚、贺铸、张元干、张孝祥、岳飞、辛弃疾等。

柳永（约公元984—1053年），北宋词人兼音乐家，科举落第后，便自称“奉圣旨填词柳三变”，他一方面大量从民间吸取“新声”，自制新腔，充实丰富新声乐调；一方面大规模创制长词慢调，实现了歌词与音乐的完美结合，出现了“凡有井水饮处，即能歌柳词”的柳永热。代表作品有《秋蕊香引》《归去来》《惜春郎》《还京乐》《佳人醉》《雪梅香》等。

周邦彦（公元1057—1121年），有《清真居士集》，后人改名为《片玉集》，存词127首，代表作品有《浣溪沙》《蝶恋花》《虞美人》等。周邦彦着力于曲调的规范化，既注意声律，求谐于喉舌，又注重制腔造谱、播诸弦管。兼采各家之长，补自己所短，在高峰之上再造高峰。

苏轼（公元1037—1101年），是一位有多方面才华的词人，他将词当作“诗之裔”，以作诗作文的态度和方法写词，在创制独立抒情诗体方面获得了成就。代表作品有《浣溪沙》。

姜夔（公元1154—1221年），具有多方面的艺术才能，兼词人、诗人、书法家、音乐家于一体，创作了《白石道人歌曲》，为词乐的发展进行了多方面的探索。代表作品有《扬州慢》《长亭怨慢》《淡黄柳》《石湖仙》《暗香》《疏影》等。《扬州慢》，慢，即慢曲子，与急曲子相对，演唱时速度比较徐缓，是姜夔于公元1196年冬至，路过扬州时的作品。其自序云：“淳熙丙申至日，予过维扬。夜雪初霁，荠麦弥望。入其城，则四顾萧条，寒水自碧，暮色渐起，戍角悲吟。予怀怆然，感慨今昔，因自度此曲。千岩老人以为有《黍离》之悲也。”此曲由杨荫浏先生译自《白石道人歌曲》。

（3）吟诵音乐。吟诵音乐是文人用读唱方式诵读诗、文所形成的音乐门类。吟诵以语言的音调为基础，化成乐音的进行，构成旋律。战国时期屈原在湘江河畔行吟的《离骚》《涉江》等不朽诗篇是早期可考的吟诵音乐。至唐朝，吟诵音乐继续发展，李白“月下沉吟久不归”，杜甫的“新诗改罢自长吟”都说明吟诵的历史非常悠久。宋元明清时期，吟诵音乐的传统一直在保持和发展，还被广泛地应用于儿童启蒙教育中。20世纪初，“五四”新文化运动后，新诗和白话文兴起，吟诵音乐逐渐衰落。现在，随着国学热的兴起，吟诵音乐又传播开来。

吟诵音乐与吟诵者的方言有很大的关联性，另外，吟诵者在吟诵过程中往往具有很强的自由性，所以，吟诵音乐分为两种类型：①接近“读”，这种吟诵音乐通常音调和节奏比较单一，重复性强，音域较窄；②接近“唱”，这种吟诵音乐旋律曲折，节奏多变，音域较宽。

3. 宗教音乐

中国宗教音乐历史悠久，内容丰富，风格独特，是中国音乐的重要组成部分。从音乐的丰富性和艺术高度看，中国宗教音乐以佛、道两教最为突出。佛、道音乐在中国音乐中的历史作用如下。

（1）佛教音乐。在漫长的历史时期中，佛教信仰深入民间，自佛教传入中国以来，佛教思想就深刻影响了哲学、道德、文艺等多个领域，根据田青等教授的研究，佛教对音乐的影响主要如下。

1）美学层次方面，佛教思想与道家思想、儒家思想一起塑造了中国音乐的美学特征。

2）为中国音乐引进了新的乐器、乐曲和音乐理论。

3）佛教僧人音乐家为中国音乐的发展也做出了重要的贡献。

4）佛教的传入也促进了说唱音乐——变文、宝卷、弹词、鼓词的相继产生。

中国佛教音乐包括两大部分：中国汉传佛教音乐和中国藏传佛教音乐。佛教音乐的旋律多采用中国民族民间音乐，也可能仍保留有一些印度佛教音乐的因素，中国佛教音乐对佛教音乐功能的认识是“宣唱法理，开导众心”，是“集众行香，取其净摄专仰也”，对音乐风格的要求是“壮而不猛，凝而不滞，弱而不野，刚而不锐，清而不扰，浊而不蔽”，以使“身体不倦、不忘而忆、心不懈怠、声音不坏、诸天欢喜”。

（2）道教音乐。道教是中国土生土长的宗教。道教在发展过程中，十分重视音乐的作用，音乐被广泛应用于各种斋醮科仪活动，道教音乐分为韵腔和曲牌两大类。韵腔按其歌腔形态可分为讽经腔、念咒腔、诵诰腔、韵腔。韵腔咏唱时要用法器（打击乐器）、笙、管、笛、箫、琵琶、二胡等乐器伴奏。曲牌可分正曲、耍曲、法器牌子三类。道教常用的法器有大铙、小铙、大镲、小镲、铛子、手铃、大木鱼、小木鱼、大鼓、小鼓、大铁磬、大铜磬、小铜磬等。

4. 民间音乐

民间音乐是普通百姓在生活中真实反映生活情境、感情愿望的音乐作品，具有集体创作、口头传播、曲调易变等特征。整体来看，民间音乐分为民间歌曲、歌舞音乐、说唱音乐、戏曲音乐、器乐、综合性乐种六类。

（1）民间歌曲。民间歌曲简称民歌，民歌按照歌唱场合和艺术特点可分为劳动号子、山歌、小调等。劳动号子在音乐上具有刚毅有力、节奏强烈规整、均匀旋律、口语化的特点。

川江号子是起源于四川、重庆一带的传统音乐，在长江边，一直有一群与险滩恶水搏斗的船工们，他们在拉纤的过程中常常由号工领唱，船工帮腔、合唱，形成了一领众合、节奏铿锵有力的川江号子。川江号子中的《平水号子》乐谱如图 2-102 所示。

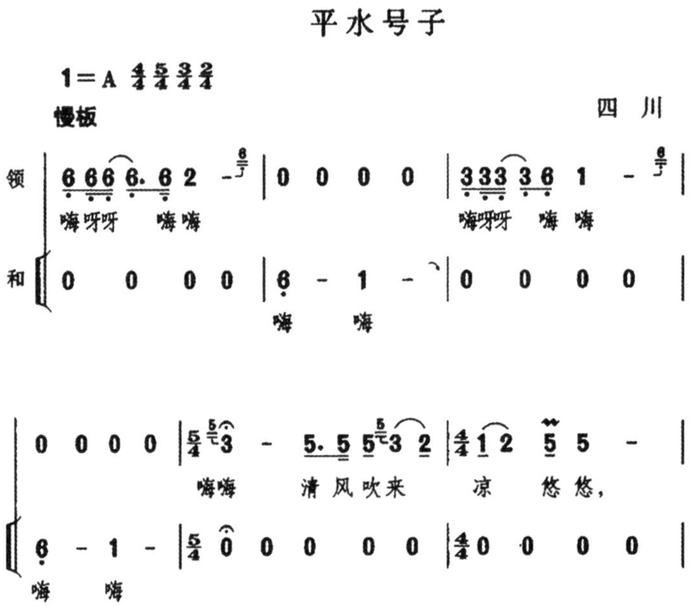

图 2-102　川江号子中的《平水号子》乐谱

山歌是劳动人民在山间野外抒发内心感情的一种抒情小调。当人们在砍柴、割草、采茶、放牧时触景生情常引吭高歌，随意地抒发内心感情，这样唱出来的歌统称为山歌。山歌曲目众多，各地山歌名称不一样，陕西称为“信天游”，山西称为“山曲”，内蒙古称为“爬山调”，西北称为“花儿”，四川称为“晨歌”等。

《兰花花》是一首广为流传的陕北民歌，其音乐素材简练，富有地方风格。经过周家洛改编后，既保留了原来的风格，又被赋予了新的音乐内容，扩大了歌曲的篇幅，增强了戏剧色彩，使之更具感人的魅力。《兰花花》以纯朴生动、犀利的语言，热情歌颂了一位勇于反抗封建统治的女性——兰花花。兰花花原名姬延玲，与一名年轻的战士相爱并发誓永远在一起，不久，战士因接到新的任务，两人暂时分离。兰花花的父母逼迫兰花花嫁给了任小喜，任小喜死后，又被迫嫁与大户石家，兰花花思念爱人，不满于人生的遭遇，奋力抗争，最后郁郁而终。多年后，战士回来寻找兰花花，为她写下了这首《兰花花》。

小调是老百姓在日常生活中歌唱的，流传比较广泛的一种抒情小曲。如果说山歌是“山野之曲”，小调就是“里巷之曲”。小调具有形式规整、节奏匀称、曲调委婉、感情细腻等艺术特点。

例如，著名小调《茉莉花》，由何仿改编自中国民歌《鲜花调》，《鲜花调》是清代以来非常流行的小调，流传地域遍及南北，但每个地方的《鲜花调》变化形态多样，不尽相同。该曲调多用于舞歌、戏曲、曲艺音乐中，如单弦牌子曲、四川清音等。

（2）歌舞音乐。歌舞音乐是一种兼含音乐、舞蹈、戏曲、曲艺等多种不同要素的综合性民间艺术形式。中国民间舞蹈种类繁多，形式多样。如汉族的龙舞、狮舞、秧歌、花鼓、花灯、采茶、打莲湘、跑旱船、车灯、太平鼓、竹马灯、高跷等，蒙古族的安代舞、鄂尔多斯舞，朝鲜族的农乐舞，维吾尔族的刀郎舞，藏族的果谐、弦子、堆谢、囊玛，瑶族的长鼓舞，苗族的芦笙舞，侗族的多耶舞，土家族的摆手舞，高山族的欢乐舞，畲族的龙头舞、捕猎舞、铃刀舞、龙伞舞等。歌舞音乐通过加进舞蹈，使音乐形式有了新的特点，最突出的就是节奏强烈动感、鲜明整齐，音乐风格偏于欢快明丽。

《凤阳花鼓》，又称“花鼓”“打花鼓”“花鼓小锣”“双条鼓”等，起源于凤阳府临淮县（今凤阳县东部），是一种集曲艺和歌舞为一体的汉族民间表演艺术。花鼓自古以来多于元宵节等节期与秧歌、花灯、采茶等一起表演。其中，安徽凤阳花鼓最为出名，其起源于农民逃荒卖唱，故曲调偏于哀怨凄切。《凤阳歌》曲谱如图 2-103 所示。

凤 阳 歌

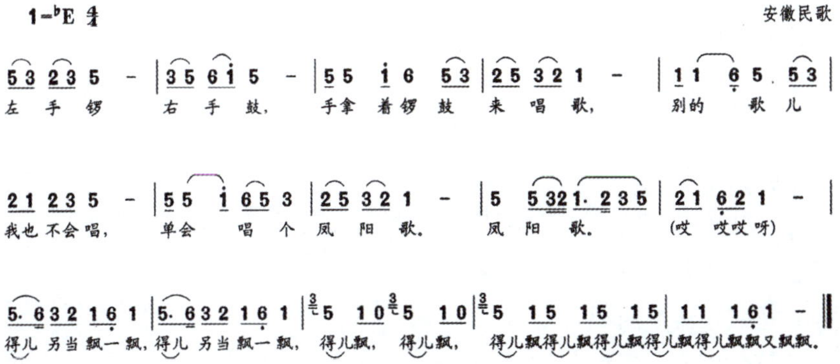

图 2-103 《凤阳歌》曲谱

（3）说唱音乐。中国说唱音乐曲种十分丰富，全国现存曲种达二百多个。大致可分为鼓词类、弹词类、渔鼓类、牌子曲类、琴书类、杂曲类、走唱类、板诵类八类。说唱音乐与语言紧密结合，因各地区方言的腔调不同，富有地方色彩，叙事性较强，往往伴奏人员也是演唱人员，伴奏乐器简便。

（4）戏曲音乐。戏曲艺术将音乐、舞蹈、戏剧三者紧密结合。常静之先生说："戏曲艺术，是演员在舞台上综合运用唱、念、做、打等艺术手段，装扮角色（剧中人物）表演故事，以情、理、艺动人、教人、娱人的戏剧艺术。"中国现存戏曲剧种三百多个，分布于全国各地，在与各地的语言、风俗以及其他民间音乐艺术形式相互融合的过程中，戏曲音乐形成了多种不同的艺术风格，各呈异彩。总体来说，戏曲音乐分为昆腔、高腔、梆子腔、皮黄腔四大声腔。

《窦娥冤》是元代戏曲家关汉卿的代表作，王国维称其为世界性大悲剧。全剧共四折，描写弱小寡妇窦娥，在无赖陷害、昏官毒打下，屈打成招，成为杀人凶手，被判斩首示众。临刑前，满腔悲愤的窦娥许下三桩誓愿：血溅白练、六月飞雪、大旱三年。果然，窦娥的誓言一一应验，《窦娥冤》全曲唱腔均用戏剧性颇强的散板，旋律跌宕起伏，构思精炼紧凑，时而低沉回环，音调悲怨交替，对比性强烈，具有很强的戏剧性。

《霸王别姬》是京剧最流行的传统剧目之一，原名《楚汉争》，根据昆曲《千金记》和《史记·项羽本纪》编写而成。总共四本，由杨小楼、尚小云在 1918 年于北京首演。1922 年 2 月 15 日，杨小楼与梅兰芳合作。内容描述的是楚汉相争，刚愎自用的楚王渐失民心，由强变弱，终被汉王十面埋伏，困于下，四面楚歌，虞姬拔剑自刎，项羽悲愤突围，终因寡不敌众，自刎于乌江。

（5）器乐。器乐是相对于声乐而言，完全使用乐器演奏而不用人声或者人声处于附属地位的音乐。由于乐器的种类繁多，中国的民族器乐丰富多彩。远在三千多年前的周代，有文字记载的乐器就有八十多种，经历代发展，至今流传的乐器，仅各少数民族就有近五百种。按照演奏方式大致可分为：

1）吹管乐器。

- 无簧吹管乐器：笛子、箫、埙。
- 单簧吹管乐器：葫芦箫。
- 双簧吹管乐器：唢呐、管子。
- 多簧吹管乐器：笙、芦笙、葫芦笙。

2）拉弦乐器。

- 一弦拉弦乐器：一弦琴。
- 二弦拉弦乐器：铁琴、马头琴、京胡、二胡、板胡。
- 三弦拉弦乐器：根卡、三弦胡琴。
- 四弦拉弦乐器：四胡。
- 多弦拉弦乐器：牙筝。

3）弹弦乐器。

- 一弦弹弦乐器：独弦琴。
- 二弦弹弦乐器：冬不拉。
- 三弦弹弦乐器：三弦。
- 四弦弹弦乐器：月琴、琵琶。
- 多弦弹弦乐器：古筝、卡龙等。

4）打击乐器。

- 锣类：马锣、虎音锣、风锣、芒锣、高跷锣、大金、小金、深波。
- 鼓类：象脚鼓、黄泥鼓、蜂鼓、纳格拉、额、大鼓、堂鼓、板鼓。
- 钹类：布简、川钹、七钹、镲。
- 板梆类：梆子、南梆子、四块瓦板。
- 其他类：扁担、杵。

5）其他乐器：如竹筒琴等。

民族器乐的特点如下：

- 与声乐紧密关联。
- 与习俗紧密结合。
- 注重旋律的横向发挥和乐器之间的音色组合。

（6）综合性乐种。综合性乐种兼具民歌、说唱音乐、戏曲音乐、器乐等四种类型于一身。目前许多流行音乐便是采用此种方式进行表演。

二、西方音乐欣赏

1. 古代和中世纪的西方音乐

西方音乐同样可以追溯到古希腊和古罗马，大约从公元 5 世纪开始，西方音乐进入中世纪时期，这个时期一直持续到 14 世纪，这是西方音乐历史中最长的时段。中世纪音乐主要是基督教的宗教音乐，世俗的民间音乐并不被重视。著名的史诗《伊利亚特》和《奥德赛》，传说由荷马边弹边唱而进行创作的，主要由叙事诗与短歌结合而成，记载了古希腊的歌曲、歌手和乐器。

2. 文艺复兴时期的西方音乐

15—16 世纪这两百年在西方音乐史上属于文艺复兴时期，它起源于英国和欧洲大陆偏北地区。早期文艺复兴的主要音乐流派有勃艮第乐派、尼德兰乐派。其中，尼德兰乐派的主要成员来自尼德兰地区和法国北部的音乐家。尼德兰乐派盛行于 15 世纪至 16 世纪上半叶，16 世纪的拉索的创作，标志着尼德兰乐派的高峰。他在“经文歌”中大胆使用变音、半音，把笑声、鸟声引入宗教作品。尼德兰乐派中，我国观众比较熟悉的作品为合唱曲《回声》。

除宗教音乐外，世俗音乐在这一时期也得到了很好的发展，文艺复兴运动在音乐上的最大成就是歌剧的诞生，培利（1561—1633 年）与诗人里努契尼合作，写出了音乐史上的第一部歌剧《达芙妮》。早期意大利歌剧的最突出代表是蒙特威尔第，代表作有《奥菲欧》《阿丽安娜》。

3. 巴洛克时期的西方音乐

从 17 世纪起，西方音乐进入“巴洛克时代”，巴洛克（Baroque）源自葡萄牙语，是从建筑学、绘画中借鉴而来的，词义是扭曲的珍珠。这一时期是音乐史上的一个转折点，欧洲音乐的记谱法在这一时期发展成熟；复调音乐发展到巅峰，主调音乐开始兴起；各种重要的音乐体裁诞生于这个时期。大型声乐体裁——歌剧、康塔塔、清唱剧等这些完全不同于文艺复兴时期的声乐体裁是巴洛克风格的标志。

约翰•塞巴斯蒂安•巴赫（1685—1750 年）（简称“巴赫”），来自德国图林根地区的庞大巴赫家族，巴洛克时期德国作曲家、键盘演奏家。巴赫家族从 1860 年前后至 19 世纪的六代人中产生了数量可观的优秀音乐家。巴赫最著名的羽管键琴和楔槌键琴作品就是两卷前奏曲和赋格曲，1723 年，巴赫赴莱比锡任圣托马斯教堂合唱指挥和音乐总监，在此期间，他创作了其重要的宗教和世俗音乐作品，包括《马太受难曲》《约翰受难曲》《b 小调弥撒曲》，以及康塔塔、经文歌、圣母颂歌等。1749 年，巴赫视力减退，后双目失明。1750 年 7 月 28 日，巴赫在莱比锡逝世，享年 65 岁。巴赫的音乐作品体裁丰富，有声乐作品、独奏曲、协奏曲、管弦乐合奏曲、重奏曲等。巴赫的作品往往具有矛盾的和声和对位、旋律、复调，却能达到一种紧张但令人满意的平衡。巴赫的作品对欧洲近代音乐的发展产生了积极影响，被称为“西方音乐之父”。

乔治•弗里德里希•亨德尔（1685—1759 年）（简称“亨德尔”），出生于德国哈雷，是巴洛克时期英籍德国作曲家。亨德尔并非出身音乐世家，他少时师从管风琴家扎豪。1702 年升入哈雷大学，19 岁时创作了第一部歌剧《阿尔米拉》。1706—1710 年，在意大利期间，亨德尔结识了科雷利、斯卡拉蒂等音乐家，受到了一定的影响，并在此期间熟悉了意大利音乐风格及写作技巧。25 岁时，亨德尔返回德国，任汉诺威宫廷乐长，并于 1710 年与 1712 年两度赴英国，其歌剧受到英国王室和贵族的欢迎，遂留居不归。在伦敦生活期间，亨德尔的歌剧创作进入了成熟时期，他连续创作并上演了《罗德琳达》《亚历山德罗》等歌剧。1742 年，清唱剧《弥赛亚》首演。亨德尔最重要的器乐作品是《水上音乐》组曲（1717 年）、《皇室焰火音乐》（1749 年）、《双簧管协奏曲》以及 12 首《大协奏曲》（1739 年）。1759 年，亨德尔在伦敦逝世，享年 74 岁。亨德尔的音乐更加强调旋律与和声，他宏伟的音乐风格，预示了主调音乐风格的到来。

4. 古典主义与浪漫主义时期的西方音乐

（1）古典主义。18 世纪下半叶以后，西方音乐进入“古典主义”时期，这个时期不长，但影响重大。弗朗茨•约瑟夫•海顿（简称“海顿”）、沃尔夫冈•阿玛多伊斯•莫扎特（简称“莫扎特”）、路德维希•凡•贝多芬（简称“贝多芬”）三位音乐巨匠支撑起古典主义的天空，这一时期最重要的成果包括交响乐、奏鸣曲、室内乐。古典主义时期的音乐庄重、典雅，充满世俗生活的欢娱，海顿、莫扎特代表着古典音乐最典型的风格样式，从贝多芬开始，音乐风格开始转变，他在古典主义的形式框架内实现了最大的突破，他把音乐引向了一个新的发展方向——浪漫主义。

海顿（1732—1809年），出生在靠近匈牙利边境的小镇罗劳，是古典主义时期作曲家，维也纳古典乐派奠基人。海顿出生在贫苦的车轮匠家庭，是一位多产的作曲家。他的作品主要包括100余首交响曲、80余首弦乐四重奏、30余部歌剧，以及其他宗教礼仪曲、弥撒曲、清唱剧、康塔塔等。海顿被誉为“交响曲之父”“弦乐四重奏之父”，他的作品洋溢着健康、明快、幽默、轻松的气息，严肃与诙谐并列、精巧与乡土气并列、崇高与荒谬并列，反映了音乐趣味性的变化和体裁的多样性。在交响乐队编制方面，海顿构建了以弦乐四声部为基础、双管制的现代管弦乐队体制。海顿的代表作品主要有清唱剧《创世纪》《四季》、12部《伦敦交响曲》等。

莫扎特（1756—1791年），古典主义时期奥地利作曲家，维也纳古典乐派代表人物之一。1762—1771年，莫扎特姐弟花费大量时间进行巡演。他在5岁时，就创作了第一首小步舞曲；9岁时，创作了第一部交响曲《降E大调第一交响曲》；11岁时，创作了第一部清唱剧；12岁时，创作了第一部歌剧。莫扎特的音乐体裁广泛，从键盘音乐到交响曲、歌剧均有涉及。巴赫、海顿都对莫扎特早期的作品产生了重要的影响。1774—1781年，莫扎特主要居住在萨尔茨堡宫，这一时期主要的作品有《伊多梅纽斯》、13首钢琴奏鸣曲、钢琴协奏曲K.271、3首小提琴协奏曲。25～30岁是莫扎特创作的黄金期，这一时期主要作品有《幻想曲》《c小调钢琴奏鸣曲》《D大调钢琴奏鸣曲》《F大调钢琴奏鸣曲》等。1785年，莫扎特发表了六首四重奏；1786年，歌剧《费加罗的婚礼》在维也纳首演。1787年，莫扎特被任命为宫廷作曲家。1791年，歌剧《魔笛》首演，同年12月5日，莫扎特逝世。

莫扎特在短暂的生命历程里留下了600余部（首）不同体裁与形式的音乐作品，他的作品几乎涵盖了当时所有的音乐体裁，包括歌剧、交响曲、协奏曲、奏鸣曲、四重奏和其他重奏、重唱作品，大量的器乐小品、独奏曲等。他主张：诗必须服从于音乐，代表作品有歌剧《费加罗的婚礼》《唐璜》《魔笛》，1788年，莫扎特连续完成的最后三部交响曲（第39、40、41），特别是第40交响曲，出现了莫扎特作品中少有的激愤、不安、感伤、阴郁，这大大不同于海顿的交响曲。用德语演唱的《魔笛》是在莫扎特生命中的最后一年写作的，也是莫扎特最后一部歌剧。虽然它外表上是一部歌唱剧，但它使用对白代替宣叙调，有些人物和场景适合流行歌剧，但它的情节却充满了象征意义，音乐深刻而丰富，是一部集大成的作品。

贝多芬（1770—1827年），出生于波恩，维也纳古典乐派代表人物之一，欧洲古典主义时期作曲家。贝多芬的童年并不快乐，他出生在一个贫困的家庭，父亲对他的教育十分严苛，因此造就了贝多芬敏感、不善交际的性格。贝多芬走上人生舞台的时候，正值新的强大力量在改变着社会，他亲眼目睹了法国大革命所带来的巨大变革，充满了英雄性、群众性、戏剧性的新风格的作品源源不断地出现在他的笔下：《f小调钢琴奏鸣曲

(热情)》《第五钢琴协奏曲（皇帝)》《第九小提琴奏鸣曲（克鲁采)》、戏剧配乐《埃格蒙特》、歌剧《费德里奥》及以《第五交响曲（命运)》为首的第四、六、七、八交响曲等。贝多芬的作品通过强烈的艺术感染力、宏伟的精神内核，将古典主义音乐推向高峰，并预示了19世纪浪漫主义音乐的到来。贝多芬于1827年3月26日在维也纳逝世，享年57岁。

贝多芬的作品包括9部交响曲、11首序曲、戏剧配乐、1首小提琴协奏曲、5首钢琴协奏曲、16首弦乐四重奏、9首钢琴三重奏、10首小提琴协奏曲、32首钢琴奏鸣曲，多首管弦乐序曲咏叹调、歌曲等。贝多芬对古典音乐有重大贡献，他发展和创新了奏鸣曲式和交响曲套曲的结构，对西方音乐的发展产生了深远的影响。

（2）浪漫主义。法国大革命后，特别是拿破仑失败，欧洲大陆封建复辟后，新一代的作曲家热衷于反映内心最强烈情感的爱情主题，倾心于带自传性的、不满现状的忧郁孤独者的精神，在描绘自然景色及现实形象时也更强调主观色彩的印记。

在浪漫主义作曲家看来，音乐与哲学、宗教具有相等的地位。他们追求这些艺术之间的相互融合，并且着力挖掘和发挥音乐的更多方面的表现性能，从体裁形式到具体表现手段都有革新和突破。这些变化表现在对传统交响乐、歌剧的发展上，也反映在新的音乐体裁领域的开拓中。

浪漫主义思潮的另一个重要现象，是本民族历史文化及民间音乐的迅速崛起。欧洲各国各民族意识开始觉醒。波兰、匈牙利、捷克、西班牙、挪威、俄罗斯等国，都形成了本民族的独立乐派。

19世纪是属于浪漫主义的，这时的音乐回荡着一种夸张的激情，充满幻象，富有想象。浪漫主义音乐开始于德国和奥地利，著名的作曲家有弗朗茨•舒伯特（简称“舒伯特”)、韦伯、舒曼、门德尔松、艾克托尔•路易•柏辽兹（简称“柏辽兹”)、弗里德里克•弗朗索瓦•肖邦（简称“肖邦”)、李斯特、朱赛佩•威尔第（简称“威尔第”)、穆索尔斯基、里姆斯基•克萨科夫、彼得•伊里奇•柴可夫斯基（简称“柴可夫斯基”)、德沃夏克、格里格、理查德•瓦格纳（简称“瓦格纳”）等。

舒伯特（1797—1828年)，出生于维也纳，奥地利作曲家，是欧洲早期浪漫主义乐派作曲家的代表。他是第一批真正的维也纳“自由艺术家”，他真正脱离了雇主的供养，全凭作品的演奏与出版为生。

舒伯特被称为“歌曲之王”，著名作品有《野玫瑰》《魔王》《鳟鱼》《地神》《幻影》以及声乐套曲《美丽的磨坊女》和《冬之旅》。他的一生共写了9首交响曲、22首钢琴奏鸣曲、大量的钢琴小品、大约35首室内乐、约200首合唱作品、17部歌剧和歌唱剧，以及600多首歌曲。他所有的交响曲都遵循正规的古典形式，但是音乐的抒情性、大胆的和声和迷人的音乐色彩都走向了一条新的道路。

瓦格纳（1813—1883年)，出生于德国莱比锡，是浪漫主义时期德国作曲家、指挥家。瓦格纳以他的歌剧改革的理想和实践，影响了德国和欧洲19世纪中、后期的整个音乐历史进程。1842年，歌剧《黎恩济》使瓦格纳声名初显，第二年，上演了《漂泊的荷兰人》，瓦格纳任德累斯顿歌剧院指挥，开始过上稳定的生活。1848—1849年，瓦格纳流亡到瑞士，在此期间，他开始创作《尼伯龙根的指环》。瓦格纳认为戏剧和音乐是绝对一体的，在瓦格纳的乐剧中，音乐在每一幕中持续不断，而不是分成宣叙调、咏叹调和其他各种分曲。瓦格纳晚年重要的作品有《特里斯坦和伊索尔德》（1858—1859年）、《纽伦堡的名歌手》（1862—1867年）、《帕西法尔》（1882年），瓦格纳于1883年在威尼斯逝世。

瓦格纳使德国浪漫主义格局达到了顶峰，他创造了一种新的体裁——乐剧。他晚年作品的和声风格，加速了调性的瓦解。同时，瓦格纳又是著名的音乐评论家，他对文学、戏剧，甚至政治和道德问题也发表意见。他遵循音乐为戏剧服务的宗旨，一切重要的作品都是为在舞台上演的。作为一名管弦乐色彩的大师，很少有人能与瓦格纳媲美。

柏辽兹（1803—1869年），法国作曲家，是法国浪漫主义乐派的主要代表人物。柏辽兹出生于法国，于1869年3月8日在巴黎逝世。柏辽兹作为一个个性极为鲜明的作曲家，在音乐史上以富有创新精神著称。其主要创作有《幻想交响曲》等多部交响曲、《特洛伊人》等三部歌剧及序曲、清唱剧、大合唱等。他主张“音和音响低于思想”，并著有经典音乐技术著作《配器法》。

威尔第（1813—1901年），意大利作曲家。1813年，威尔第出生于意大利。他于1824年开始创作歌剧，于1832年投考米兰音乐学院，未被录取，后留在米兰向斯卡拉歌剧院的音乐家拉维尼亚学习音乐。威尔第的歌剧创作遵循音乐以人为主，不同于德国音乐中神话、大自然为主的象征主义特征，他的歌剧的主要特点就是简单、直接的人声独唱旋律，所以在威尔第的歌剧作品中有很多旋律优美、经典耐听的选段。他的主要代表作品有歌剧《纳布科》《弄臣》《茶花女》《游吟诗人》《奥赛罗》《阿伊达》《西西里晚祷》《法尔斯塔夫》《假面舞会》《唐·卡洛斯》，声乐曲《安魂曲》《四首宗教歌曲》。

肖邦（1810—1849年），19世纪波兰作曲家、钢琴家。1810年3月1日，肖邦出生于波兰，他7岁开始创作，8岁登台演出。肖邦创作的作品几乎都是钢琴曲，是波兰音乐史上最重要的音乐家之一，他始终热爱自己的祖国波兰，创作了大量充满波兰民族音乐风格的玛祖卡舞曲，肖邦的大多数作品都是内省的，有着清晰的形式轮廓，暗示了即兴演奏的性质。主要代表作品有夜曲21首，叙事曲作品52号、作品23号；谐谑曲作品20号、作品31号、作品39号等，肖邦的钢琴练习曲将技巧练习与乐曲艺术内容相结合，超越了练习曲本身仅仅对技巧的要求。

柴可夫斯基（1840—1893年），是俄罗斯浪漫主义乐派作曲家。柴可夫斯基的创作几乎涉及了所有的音乐体裁和形式，最著名的音乐作品是第四、第五和第六（悲怆）三首交响曲，交响诗《弗兰切斯卡·达·里米尼》《降b小调第一钢琴协奏曲》《1812序曲》《D大调小提琴协奏曲》，芭蕾舞剧音乐《天鹅湖》《睡美人》《胡桃夹子》等。柴可夫斯基继承了格林卡以来俄罗斯音乐的发展成就，同时又注意吸取西欧音乐文化发展的经验，把高度的专业技巧同俄罗斯民族音乐传统有机结合，创造出具有戏剧性冲突和浓郁民族风格的作品。

5. 20世纪的西方音乐

19世纪末到20世纪初的欧洲音乐新旧风格并存，互相影响、融合、转换，成为这个时期音乐的典型特征。著名作曲家有布鲁克纳、沃尔夫、古斯塔夫•马勒（简称“马勒”）、理查•格奥尔格•施特劳斯（简称“理查•施特劳斯”）、弗郎克、阿希尔•克劳德•德彪西（简称“德彪西”）、拉威尔、贾科莫•普契尼（简称“普契尼”）、斯克里亚宾、谢尔盖•瓦西里耶维奇•拉赫玛尼诺夫（简称“拉赫玛尼诺夫”）、斯特拉文斯基、西贝柳斯、巴托克、勋伯格、亨德米特、格什温、科普兰、哈巴、凯奇、潘德列茨基等。

马勒(1860—1911年),奥地利作曲家、指挥家。马勒出生于奥地利,6岁参加钢琴比赛，8岁教课，15岁进维也纳音乐院学习。马勒一生为提高欧洲音乐的指挥艺术及乐队水平做出了重要的贡献。他的主要成就在于交响曲和管弦乐,他一共创作了11首交响乐作品,其中第11首未完成。马勒的生活并不安逸，犹太人身份带给他的排挤、冷漠，以及女儿的夭折都深深地影响着他，并体现在他的作品中。马勒的代表作品有11首交响乐、《大地之歌》《青年流浪者之歌》《少年魔法号角》等多部声乐套曲及艺术歌曲等。1911年5月，马勒病逝于维也纳。

理查•施特劳斯（1864—1949年），德国晚期浪漫主义作曲家、指挥家。理查•施特劳斯的作品具有明显的界限，早期作品具有典型的浪漫主义的特点，晚期的作品流露出一定的现代派倾向，如调性的瓦解等。他深受莫扎特和瓦格纳的影响，特别是瓦格纳。理查•施特劳斯极富写作才能，他的作品织体通常都很复杂，有高超的对位技术。理查•施特劳斯代表作品有十几部交响诗,如《唐璜》(1889年)、《死与净化》(1891年)、《蒂尔•沃伦斯皮盖尔的愉快的恶作剧》(1895年)、《查拉斯图拉如是说》(1896年)、《英雄生涯》(1899年）等；15部歌剧，以《莎乐美》(1905年)、《玫瑰骑士》(1911年）等为代表；还有大量的管弦乐曲、声乐曲等,创作涉及的领域及其数量都很大。他还是美国电影《飘》配乐作曲家马克斯•史坦纳的教父和老师。

德彪西（1862—1918年），法国作曲家、音乐评论家，是20世纪欧洲音乐历史最具影响力的人物之一，他所代表的风格被称为“印象主义”。德彪西的作品利用谜一样的标题、对自然音响的回忆、舞曲的节奏、具有特点的旋律片段等来暗示主题，与浪漫主义的直率、有力、深刻形成了明显的对比。钢琴创作贯穿了德彪西的一生，早期的《阿拉伯斯克》《贝加摩组曲》接近浪漫主义风格；《版画》《欢乐岛》《意象集》和《二十四首前奏曲》则是印象主义的精品。管弦乐曲《夜曲》(1899年)、《大海》(1905年)、《伊贝利亚》中都有不少生动的篇章。他最著名的管弦乐作品是《牧神午后前奏曲》，根据马拉美的一首象征主义的诗作创作而成，主题隐喻、暗示、迂回。

普契尼（1858—1924年），意大利歌剧作曲家，一生创作歌剧12部，其中，最流行的是《波希米亚人》(1896年)、《托斯卡》(1900年）与《蝴蝶夫人》(1904年）等。他的作品受到了真实主义思潮的影响，偏好于塑造性格软弱的主人公，以“打动世人”“使世人流泪”为自己的创作目的。他说过：“我热爱小事物，我只能，也只想写小事物，如果它是真实、热情而富于人性的，并且能通向人心。”普契尼的歌剧当中的一些歌曲已经成为了现代文化的一部分，如《贾尼·斯基基》的《我亲爱的爸爸》、《图兰朵》中的《今夜无人入睡》。普契尼的乐队音乐达到了意大利歌剧史上最高水平，从根本上改变了意大利歌剧只重人声不重器乐的情况。

拉赫玛尼诺夫（1873—1943 年），二十世纪俄罗斯音乐作曲家、钢琴家、指挥家。他的创作深受柴可夫斯基影响，有深厚的民族音乐基础，旋律丰富。他擅长史诗式壮阔的音乐风格，主要作品有《第二钢琴协奏曲》（1901 年）、《第二交响曲》（1907 年）、《第三钢琴协奏曲》（1909 年）、《第四钢琴协奏曲》（1926 年）、《帕格尼尼主题狂想曲》（1934 年）、交响诗《死岛》（1909 年）等。其中《第三钢琴协奏曲》以其艰深的难度，成为钢琴演奏曲目中的“最难”。

思考与讨论

1. 西方音乐的发展分为哪几个阶段？
2. 系统阐述儒家关于音乐思想的著作是哪一部？
3. 选取书中一首作品欣赏并分享一下感悟。

第 4 讲　作品赏析——中外数字电影美学

一、经典电影美学赏析

1. 1896—1912 年，幼年期

长期以来，电影被称作第七艺术，从 1895 年 12 月 28 日法国的卢米埃尔兄弟在巴黎一家咖啡馆放映他们自己拍摄的影片开始，电影已经有 100 多年的历史。作为现代科技与综合艺术产物的结晶，影视艺术的发展速度之快、影响之大、覆盖面之广、观众数量之多，是其他艺术无法比拟的。早期电影艺术家们，如卢米埃尔兄弟、乔治·梅里爱、大卫·格里菲斯等的创作实践和艺术追求证实了电影确实是人类不曾有过的崭新的艺术门类，具有自己独特的艺术语言和审美规律。

卢米埃尔兄弟拍摄的影片以真实记录生活为主，是现实主义电影的创始人，但这种平铺直叙记录生活的“魔术”仅仅风靡了 18 个月，就遭遇冷遇，真正让电影走向艺术的是法国人乔治·梅里爱，他创造了特级摄影和镜头组合，还在电影中借鉴戏剧的表现手法，代表作品《月球旅行记》是电影走向艺术的标志。

以英国的“布莱顿学派”为代表的欧洲众多电影学派在艺术形式方面进行了深入的探索，以法国百代电影公司为代表的电影公司把影片生产纳入工业化轨道，美国镍币影院的巨额盈利造就了《火车大劫案》这样闻名于世的影片，也刺激了“好莱坞”国际影城的建立。

2. 1913—1926 年，童年期

这是无声电影的全盛时代，杰出的电影人、经典的影片和优秀的电影流派异彩纷呈。美国的大卫•格里菲斯在1915年和1916年导演的影片《一个国家的诞生》和《党同伐异》，是世界电影史上具有里程碑意义的作品，电影被世界公认为艺术也是以这两部影片为标志的。

查理•卓别林[①]（1889—1977年）（简称“卓别林”），生于英国伦敦，英国影视男演员、导演、编剧。卓别林是世界电影史上最杰出的戏剧大师，他的影片具有鲜明的现实感与尖锐的讽刺性。卓别林的第一部电影是《谋生》。从 1915 年开始，卓别林开始采用自编、自导、自演的形式拍摄电影，甚至还担任制片和剪辑。稍后他加入了埃斯安尼公司，并于 1917 年出品了《移民》和《安乐街》，1918 年他和他的兄弟在洛杉矶开了自己的公司，并在 1919 年召集到了道格拉斯•费尔班克斯等人。但直到 1923 年，卓别林才为这个公司拍了第一部影片《巴黎一妇人》。1925 年的《淘金记》为卓别林赢得了学院奖。1977 年 12 月 25 日圣诞节早上，卓别林于瑞士家中逝世，享年 88 岁。

蒙太奇电影介绍如下。蒙太奇（法语：Montage）是音译的外来语，原为建筑学术语，意为构成、装配，电影发明后又在法语中引申为“剪辑”。1923 年，谢尔盖•爱森斯坦[②]（简称“爱森斯坦”）在杂志《左翼文艺战线》上发表文章《吸引力蒙太奇》（旧译《杂耍蒙太奇》），率先将蒙太奇作为一种特殊手法引申到戏剧中，后在其电影创作实践中，又被延伸到电影艺术中，开创了电影蒙太奇理论与苏联蒙太奇学派。

爱森斯坦（1898—1948 年），出生于俄罗斯里加，是俄罗斯导演、编剧、制作人、演员、作家、剪辑师，毕业于圣彼得堡土木工程学院建筑系。爱森斯坦对蒙太奇进行了卓越的艺术实践和理论上的阐述，形成了一种“诗电影”的传统。1924 年，爱森斯坦执导个人第一部蒙太奇电影《罢工》。1925 年，在执导战争电影《战舰波将金号》时，爱森斯坦利用镜头交切形成蒙太奇节奏，以揭示人物的内在情绪，该片在 1958 年的布鲁塞尔国际电影节上被国际影评家评为电影问世以来 12 部最佳影片之首。1948 年 2 月 11 日，谢尔盖•爱森斯坦因心绞痛而死于拍片现场，终年 50 岁。

德国表现主义电影和法国印象派电影介绍如下。表现主义是现代重要艺术流派之一，其在 20 世纪初流行于德国、法国、奥地利、北欧和俄罗斯。表现主义的导演注重具有象征意味的造型，倾向认为电影的影像应该成为平面艺术。他们在构图和布景上下足了功夫，往往在一个构图中用相似的形状并列而形成相当具有表现力的镜头。

表现主义电影经常摒弃常规的影像形态，采用倾斜、颠倒的影像，或采用常规电影很少使用的特殊拍摄角度，画面的明暗反差一般会很大。表现主义电影常用人物特写

---

① 查理•卓别林，1928 年执导电影《马戏团》，1931 年执导电影《城市之光》，1936 年执导电影《摩登时代》，1940 年执导电影《大独裁者》，1952 年执导电影《舞台生涯》，1967 年执导电影《香港女伯爵》。

② 谢尔盖•爱森斯坦，1923 年执导短片《格鲁英夫的日记》，1928 年执导战争电影《十月》，1938 年执导电影《亚历山大•涅夫斯基》，1944 年执导传记电影《伊凡雷帝》，1948 年撰写文章《彩色电影》。

和富有象征意义的空镜头，使用特写可以看作在“放大”表演，增强戏剧性；而对环境的渲染可以看作对人物行为和灵魂的“解释”，力图揭示人物行为背后的社会诱因。此外，主观镜头也是表现主义常用的手法，表现主义艺术家轻视局限于客观的写实，强调表现“主观的现实”。

表现主义电影代表作品有罗伯特•维内的《卡里加里博士》（1920 年）、弗里茨•朗格的《三生记》（1921 年）、保罗•威格纳《泥人哥连》（1920 年）等。

《卡里加里博士》属于首映后不久就被奉为经典的影片，在 20 世纪 20 年代就被认为是一个时代的代表作，标志德国表现主义电影的诞生，“卡里加里主义”成为表现主义的代名词。《卡里加里博士》在叙事上富有创造性的主观表现，克拉考尔评价它：“即使在今天，电影叙事也没有能够普遍地取得这样出色的成就。”

印象派电影是 20 世纪 20 年代法国电影创作者路易•德吕克及其友人创立的一个电影学派。印象派电影的主要特点可以概括为“淡化叙事性”和“强化视觉性”。他们明确地提出“电影不是戏剧”，认为“戏剧动作在电影中出现是一种错误”。他们坚持认为情感表现是电影艺术的基础，而非讲述故事。因此，印象派电影一般不进行戏剧或小说式的叙事，影片故事简单，却追求画面的诗意效果或者说“视觉的韵律”。路易•德吕克曾把电影定义为“光和影的绘画，光和影的造型”。

印象派电影代表作品有杜拉克的《西班牙的节日》（1919 年）、路易•德吕克的《狂热》（1921 年）、阿贝尔•冈斯的《轮》（1923 年）、莱皮埃的《黄金国》（1922 年）、爱泼斯坦的《忠实的心》（1923 年）等。

3. 1927—1944 年，少年期

在艺术领域，从法国到德国的先锋派电影运动是世界电影史上第一次大的革新运动。先锋派主张反对叙事，追求纯粹的节奏情绪，描写梦幻的世界，表现物重于表现人，这些思想丰富了电影的剧作结构和语汇，给了戏剧式电影以巨大的冲击。

先锋派电影是 20 世纪 20 年代以后，主要在法国和德国兴起的一种电影运动，它的重要特点是反传统叙事结构而强调纯视觉性。作为一种影片样式，也有人称之为纯电影、抽象电影或整体电影。先锋派电影不以盈利为目的，是不叙说故事的纯视觉影片。这种影片一般由创作者独立拍摄，大多为短片。

先锋派电影运动大致可分两个阶段。第一阶段是表现主义和达达主义阶段。以德国导演弗里茨•朗拍摄的《大都会》（1927 年）为代表。其特点是重表现，轻再现；重抽象，轻形象；重物体，轻人物；重节奏，轻生活。第二阶段是超现实主义阶段。以女导演谢尔曼•杜拉克根据一位法国超现实主义诗人写的剧本拍摄的《贝壳和僧侣》（1933 年）为标志。其特点是重梦幻，轻现实；重象征，轻叙述；重内心，轻外界；重本能，轻理性。先锋派电影对电影艺术的特征、新手段、新技巧的探索和实践，对后来的现实主义电影产生了很大影响。

在技术领域，有声电影和彩色电影的产生为电影更逼真地表现生活提供了更大的可

能性。1926年，美国的华纳兄弟电影公司为了摆脱破产的危机拍摄了第一部有声电影《唐璜》，但它是声画分离的；1927年，他们又拍摄了《爵士歌王》，在音乐中加入了对白，上映后反响空前。实际上，真正的有声电影《纽约夜景》直到1929年才研制成功。1935年，美国导演马勃里安在大型故事片《浮华世界》中运用了彩色，但是彩色电影直到第二次世界大战以后才逐步普及。

这一时期的优秀影片有路易斯·布努埃尔的《一条安达鲁狗》、让·维果的《尼斯景象》、刘易斯·迈尔斯通的《西线无战事》、维克多·弗莱明的《乱世佳人》、约翰·休斯顿的《马耳他之鹰》等。

4. 1945—1966年，青年期

这个时期是世界电影的变革期，二战后，曾经辉煌的美国电影遭遇了前所未有的危机，苏联的现实主义电影创作路子越走越窄，而欧洲电影和亚洲电影迎来了长足的发展。意大利的“新现实主义”电影运动、法国的“新浪潮”电影运动、英国的“自由电影”和德国的“新德国电影”，都为世界电影的发展添上了浓墨重彩的一笔。日本、中国、印度的电影也开始得到世界影坛的关注，无论是电影艺术家还是作品，电影思潮流派还是理论研究，都在变革中寻求发展，走向成熟。

意大利新现实主义电影是指20世纪40年代在意大利开始的现实主义电影运动，意大利新现实主义是一次从内容到形式彻底的美学革命，是继先锋电影运动后出现的第二次电影美学运动，对世界电影发展产生了极为深远的影响。

意大利新现实主义电影的代表作品有罗伯特·罗西里尼①（简称“罗西里尼”）的《罗马，不设防的城市》《游击队》《德意志零年》，以上三部作品也被誉为“战争三部曲”，标志着新现实主义进入全盛期。除此之外，还有维斯康蒂的《大地在波动》、德·西卡的《偷自行车的人》和《温别尔托·D》、德·桑蒂斯的《罗马十一时》等。

罗西里尼，1906年5月8日出生于意大利罗马，意大利电影导演、编剧、制片人。1945年，他执导剧情片《罗马，不设防的城市》，该片获得第1届戛纳国际电影节金棕榈奖。1946年，他执导剧情片《战火》获得第22届奥斯卡金像奖最佳电影故事奖提名。1948年，执导战争剧情片《德意志零年》，该片获得第3届洛迦诺国际电影节金豹奖。1952年，他执导剧情片《一九五一年的欧洲》，该片获得第17届威尼斯国际电影节国际奖。1959年，他执导剧情片《罗维雷将军》，该片获得第20届威尼斯国际电影节金狮奖。1963年，与让·吕克·戈达尔、皮埃尔·保罗·帕索里尼等4位导演联合执导剧情短片集《帕戈罗格》。1977年，担任第30届戛纳国际电影节评委会主席。

自由电影运动的产生首先和英国当时的电影现状有关。由于20世纪50年代英国电影的萧条，从1956年开始，英国电影学会的实验基金会和美国福特汽车公司共同资助了一批有志于复兴英国电影艺术的青年导演拍摄一批纪录性短片，并陆续在英国国家影院公映。从1956年2月至1959年，共拍摄并放映了六套实验性电影。这些作品被一群电

---

① 罗伯特·罗西里尼，1936年执导剧情短片《牧神午后的前奏曲》，1941年执导电影《白船》。

影制作者及评论家放到了一起。在这次自由电影运动浪潮中的代表人物有林赛•安德森、卡莱尔•赖兹、托尼•理查森、沃尔特•拉塞利和约翰•弗莱特。

自由电影的特点：①长度很短，最长的是1958年卡莱尔•赖兹的《我们都是蓝佩斯区男孩》，片长52分钟；②都是用手持16mm的摄影机拍摄的，这种器材能利用同步纪录附加的声音编辑出一种印象主义的色彩。代表作品主要有托尼•理查森和卡莱尔•赖兹联合导演的《妈妈不让》（1955年）、卡莱尔•赖兹导演的《我们都是蓝佩斯区的男孩》（1959年）和林赛•安德森导演的《圣诞节以外的每一天》（1957年）等。

法国新浪潮电影运动是指法国在20世纪50年代末至60年代初关于新电影制作及创作倾向的运动。法国新浪潮电影运动是继欧洲先锋派电影运动、意大利新现实主义电影运动以后的第三次具有世界影响的电影运动，它没有固定的组织、统一的宣言、完整的艺术纲领。这一运动的本质是一次要求以现代主义精神来彻底改造电影艺术的运动，它的出现将西欧的现代主义电影运动推向了高潮。这一运动有两个部分，一是作者电影，即"新浪潮"；二是作家电影，即"左岸派"。这一运动包括重要的导演如让•吕克•戈达尔、弗朗索瓦•特吕弗、克劳德•夏布洛尔、雅克•里维特等，他们大多崇尚个人独创性，表现出对电影历史传统的高度自觉，体现"作者论"的风格主张，无论在主题上或技法上都与传统电影大相径庭。

法国新浪潮电影运动的代表作品有克罗德•夏布洛尔的《表兄弟》和《漂亮的塞尔日》、弗朗索瓦•特吕弗的《四百击》、阿兰•雷乃的《广岛之恋》、让•吕克•戈达尔的《精疲力竭》、埃里克•侯麦的《狮子座》、雅克•里维特的《巴黎属于我们》等。

新德国电影运动原来叫作"青年德国电影"运动。这个运动发起于1962年春的奥勃豪森电影节，当时有26位德国青年电影工作者联名发表了《奥勃豪森宣言》，宣称"旧电影已经灭亡，我们寄希望于新电影"。他们提出了一个基本原则——"德国电影的未来，在于运用国际性的电影语言"。他们还宣告："我们现在制作一种新的德国故事片，这种新影片需要自由。我们必须打破常规，克服电影的商业性。我们要违背一些观众的爱好，创造一种从形式到思想上都是新的电影。"这番宣言被认为是新德国电影运动的正式纲领性文件，它揭开了新德国电影运动的序幕。

5. 1967—1996年，成年期

这是世界电影走向繁荣的重要时期。经历了阵痛的美国电影终于迎来了二次辉煌，从《邦尼与克莱德》开始，好莱坞电影在保持一贯的商业传统基础上吸收了欧洲电影的新理念，突破了戏剧化电影的束缚，融合了多种艺术手段与科技力量，再次成为引领世界电影潮流的梦幻工厂，电影的类型不断丰富，灾难片、科幻片成为轰动一时的热门题材。法国电影在继承流畅风格的基础上，加强了影片的观赏性，题材样式也日趋多元化；意大利电影更加注重反映社会问题，有些影片具有鲜明的政治色彩；德国电影迎来了第二次创作高潮，以《铁皮鼓》《莉莉•玛莲》为代表的影片充分展示出德国新一代电影鲜明的个人风格；日本电影在民族传统和后现代性的调和中生长，以宫崎骏为代表的电影

人把日本动画电影推向了前所未有的艺术高度；印度是最大的电影生产国，浓郁的民族风情和载歌载舞的表现形式使其在世界影坛独树一帜；伊朗电影起步虽晚，却在探索和创新上成绩斐然，令世界影坛刮目相看。这一时期的优秀影片数不胜数，《教父》《飞越疯人院》《现代启示录》《天堂电影院》《肖申克的救赎》《七宗罪》等都堪称经典。

6. 1997 年至今，壮年期

声音、色彩、数字是电影发展史的三次技术革命，正是这样的技术革命为电影提供了无限的艺术创作空间。20 世纪末，数字技术、电子影像技术、计算机图形学的发展为电影数字特技的发展奠定了基础。

1997 年《泰坦尼克号》带给观众大量的电脑特技制作合成画面：起航的远景、逐浪的海豚、断裂的巨轮、滑落的乘客，这些震撼的效果瞬间成为影人钟爱、观众期待的目标。于是，人们在《金刚》里看到了巨兽，在《指环王》里看到了咕噜，在《黑客帝国》里看到了静止的子弹，在《哈利•波特》里看到了神奇的魔法。2009 年的 3D 电影《阿凡达》使观众再一次对电影特效技术产生狂迷，神秘瑰丽的潘多拉星球，半人半兽的纳美人生活，足以载入史册的视听震撼征服了无数观众。21 世纪以来的电影发展让虚幻更加真实，让真实更加艺术，艺术与技术的融合越来越密不可分。当然，并非缺少了 CG 技术和 3D 技术的电影就意味着失败，《放牛班的春天》《白丝带》《三傻大闹宝莱坞》都很值得品鉴。

二、中国电影美学赏析

1. 中国电影的产生

中国电影事业发端于 20 世纪初。1905 年，北京丰泰照相馆创办人任庆泰（字景丰）拍摄了由谭鑫培主演的《定军山》片段，这是中国人自己摄制的第一部影片。

2. 中国电影的发展

1913 年，美国人经营的亚细亚影戏公司拍摄了由郑正秋编剧、张石川导演的中国第一部有故事情节的短片《难夫难妻》。这部影片开创了中国电影片种、样式和创作方法的风气之先河，具有深远的历史意义。

1917 年，上海商务印书馆拍摄时事短片。次年成立活动影戏部，此后拍摄了两部中国最早的长故事片《阎瑞生》和《红粉骷髅》。1922 年，张石川与郑正秋、周剑云等组织明星影片公司，并在 1923 年完成由郑正秋编剧、张石川导演的《孤儿救祖记》，影片严肃地涉及了当时的社会实情，表现手法具有较浓的生活气息，演员演技自然、亲切、朴素。与此同时，中国出现了大中华百合影片公司、神州影片公司、长城画片公司、民新影片公司等一批较具规模的影片公司。邵醉翁兄弟于 1925 年创办天一影片公司，首先取材于民间故事，拍摄一批古装片，在上海掀起拍摄古装片的热潮，并以此立足于南洋市场。

1925—1927 年间，上海先后成立 140 家中小型电影公司；广州、北平（今北京）、

天津等城市也开始拍摄影片。1930年，明星影片公司摄制了中国第一部有声影片《歌女红牡丹》，成为中国电影史上的又一里程碑。1931年，华光片上有声电影公司在日本完成中国第一部片上发音影片《雨过天晴》。到1935年，中国完成了从无声电影到有声电影的过渡。1932年5月，明星影片公司聘请夏衍、郑伯奇、阿英担任编剧顾问，与郑正秋、洪深等一起组成编剧委员会。1933年3月，中国共产党的电影小组成立，并推动了明星、艺华、联华等影片公司的电影创作，也影响了天一影片公司和其他小公司的电影创作。当年生产了《狂流》《都会的早晨》《春蚕》《姊妹花》《民族生存》《三个摩登女性》《小玩意》等一批优秀影片。1936年2月，“国防电影”作为电影创作口号被提出。1936—1937年7月，上海各电影公司拍摄出一批不同题材样式和内容的国防电影，包括《生死同心》《压岁钱》《十字街头》《马路天使》《迷途的羔羊》《狼山喋血记》《壮志凌云》《青年进行曲》等。

（1）抗日战争时期。

1）国民党统治区。1938年，周恩来代表中国共产党参加军事委员会政治部的领导工作，直接地推动了抗战电影的发展。中国电影制片厂先后在武汉、重庆拍摄了《保卫我们的土地》《八百壮士》《胜利进行曲》《青年中国》《塞上风云》《还我故乡》《警魂歌》等表现军民英勇抗战的影片，以及《民族万岁》等新闻纪录片。国民党直接领导的中央电影摄影场和1935年成立于太原的西北影业公司也拍摄了宣传抗日的故事片和新闻纪录片。随着华成制片厂摄制的影片《木兰从军》上映后的卖座，形成了古装片拍摄浪潮。1941年，时装片取代古装片，新华、艺华、国华、金星等十几家影片公司，出品八十多部影片，其中时装片有60部。万籁鸣、万古蟾绘制完成了中国第一部较长的动画片——《铁扇公主》。

2）日本占领区。中联和华影在4年中拍摄近130部故事片，有为迷惑中国观众，宣扬所谓“中日亲善”“共存共荣”的《春江遗恨》等影片，也有不少以恋爱为主题的影片。

3）抗日根据地。1938年，由延安电影团袁牧之担任编导，吴印咸、徐肖冰、吴本立担任摄影的摄制团队，用仅有的两部摄影机拍摄长纪录片《延安与八路军》。1942年又完成长纪录片《生产与战斗结合起来》，以及一些反映当时延安重大社会政治生活的新闻片。新四军淮北根据地于1946年完成长纪录片《新四军的部队生活》。

（2）解放战争时期。抗日战争胜利后，一部分爱国的电影工作者进入由中央电影摄影场改组的中央电影企业股份有限公司（简称“中电”）各厂，利用国民党的电影基地，拍摄进步影片；另一部分参加进步电影的基本阵地昆仑影业公司，对文华、国泰、大同等民营影片公司也采取团结、支持、争取和协作的方针，使之拍出进步影片。这样，在1946—1949年间，我国拍摄了《一江春水向东流》《万家灯火》《乌鸦与麻雀》《松花江上》《夜店》《还乡日记》《遥远的爱》《幸福狂想曲》《小城之春》等优秀影片。在解放区，1946年成立延安电影制片厂。1946年10月成立东北电影制片厂（简称“东影”），在极其艰苦的条件下，完成17辑大型新闻纪录片《民主东北》，以及木偶片《皇帝梦》、科教片《预防鼠疫》、短故事片《留下他打老蒋》、动画片《瓮中捉鳖》、翻译片《普通一兵》等。

（3）新中国时期。中华人民共和国建立后，中国电影事业的发展进入一个新时期。20世纪50年代初期，上海、北京先后成立电影学校。新中国电影从1949年制作第一部以工人阶级作为主人公的影片《桥》开始，在很短的时间，拍摄了《白毛女》《钢铁战士》《上饶集中营》《新儿女英雄传》《翠岗红旗》《我这一辈子》《腐蚀》等优秀故事片，以及新闻纪录片《百万雄师过大江》《红旗漫卷西风》等。1956年，毛泽东同志提出了发展社会主义文学艺术和科学的“百花齐放、百家争鸣”的方针。而后，党中央对电影界提出了注意影片质量的要求，促使中国电影事业在1959年走进繁荣时期，拍摄了《林则徐》《聂耳》《万水千山》《青春之歌》《林家铺子》《老兵新传》《五朵金花》等题材风格多样、在思想与艺术上达到了较高统一的影片。

20世纪60年代初期，电影行业发展逐步走入正轨。到1965年，形成中华人民共和国建立以后第二个电影创作高潮，生产了《甲午风云》《革命家庭》《红旗谱》《舞台姐妹》《小兵张嘎》《英雄儿女》《农奴》《白求恩大夫》《早春二月》《杨门女将》等优秀影片，以及优秀美术片《大闹天宫》《小蝌蚪找妈妈》等。与此同时，电影放映单位从1949年的400多个发展到1965年的20363个。到1965年为止，中国电影发行放映公司共发行1213部长短影片。中国自己的电影工业也已具备相当规模，可以生产洗印、录音、摄影、放映等各种设备、器材，并基本达到自给。

（4）改革开放后。1984年，由张军钊执导，张艺谋摄影，陶泽如、陈道明、赵小锐等主演的战争故事类电影《一个和八个》，是中国第五代导演们的开山之作。1985年，由陈凯歌指导，张艺谋担任摄影的《黄土地》革新了中国电影叙事语言，标志着第五代导演真正崛起。1988年，张艺谋导演的《红高粱》获得西柏林国际电影节（柏林国际电影节前身）最佳影片金熊奖，成为中国影史上第一部在世界三大国际电影节中获得最高奖的作品。中国第五代导演正式开始登上历史舞台，带领中国电影迅速发展。随后，侯孝贤导演的《悲情城市》（金狮奖，1989年）、张艺谋导演的《秋菊打官司》（金狮奖，1992年）、陈凯歌导演的《霸王别姬》（金棕榈奖，1993年）、谢飞导演的《香魂女》（金熊奖，1993年）、李安导演的《喜宴》（金熊奖，1993年）等先后在欧洲三大国际电影节斩获最高奖，是中国电影在国际影坛的最高成就。同一时期，《菊豆》《大红灯笼高高挂》《霸王别姬》《喜宴》《饮食男女》等先后提名奥斯卡金像奖最佳外语片。

在演员方面，1992年，张曼玉凭借《阮玲玉》获得柏林国际电影节影后，成为中国电影史上首位世界三大国际电影节最佳演员；同年，巩俐凭借《秋菊打官司》获得威尼斯国际电影节影后；1994年，葛优凭借《活着》获得戛纳国际电影节影帝；同年，夏雨凭借《阳光灿烂的日子》获得威尼斯国际电影节影帝，成为史上最年轻的威尼斯影帝；1995年，萧芳芳凭借《女人四十》获得柏林国际电影节影后。由此可见，20世纪90年代初是中国电影和中国电影人第一次在国际影坛大放光彩的时期，优秀影片和优秀演员不断涌现，在短短五六年间多部作品和多位影人获得国际大奖。

2002年12月14日，张艺谋电影《英雄》上映。电影主要讲述了战国末期，三大侠客欲杀秦王的故事。《英雄》缔造了国产电影的全球票房神话，内地票房达2.5亿元人民币（占全年总票房四分之一，进入21世纪之后首部票房过亿的国产电影），同时在北美、日本、韩国等地也票房登顶，全球票房共计1.77亿美元（约合14亿元人民币）。影片被美国《时代周刊》评为2004年度全球十大佳片第一名，提名奥斯卡金像奖和美国电影金球奖最佳外语片，获得多个国内外电影奖项。《英雄》的公映终结了内地电影市场近十年的低迷期，拉开了中国商业大片的帷幕，被认为是中国电影“大片时代”的里程碑，对中国电影产业的发展起到重要的推动作用。

（5）发展现状。2012年，内地进口片票房近88亿元，国产片票房82.7亿元。2013年在人们对《泰囧》的惊叹声中开始。3000万元成本的《泰囧》在1月1日这天跨过10亿元票房大关，2月17日最终落画时收入12.57亿元，成为有史以来最卖座的华语电影。同在2月，周星驰的《西游·降魔篇》，从大年初一到初六，拿到了5亿元票房，并且鬼使神差地一路卖座下去，直到停在12.46亿元。票房口碑都不错的电影《中国合伙人》这样评价它的主角——民营企业家成东青：“他压根就没想过去改变这个世界，但至少他能做到不被这个世界改变，永远地土鳖下去。”影片末尾很励志地罗列出柳传志、马云、冯仑、陶华碧、李开复、王石等成功企业家的肖像，这无意中勾勒出了2013年国产电影的主流心态——信仰成功，尤其是本土市场的成功。

对中国电影来说，2013年注定是以翻身为目标的一年。2013年1月8日，王家卫导演的《一代宗师》上映，累计票房2.87亿元，成为王家卫在内地的最好成绩；正月初三，《101次求婚》上映，累计票房1.99亿元，为国产小片又添了不少信心；《北京遇上西雅图》最终跑进“5亿俱乐部”；管虎导演的《厨子戏子痞子》累计票房2.7亿元，成为“第六代”导演票房过亿的“奇迹”；《致我们终将逝去的青春》居于年度票房第三名；郭敬明的《小时代》引起巨大的争议；新人导演的小成本电影《全民目击》累计票房1.8亿元；徐克的《狄仁杰之神都龙王》不出意料地收获了6亿元票房；彭氏兄弟的《逃出生天》累计票房1.8亿元；同年的代表性电影还有《地心引力》《扫毒》《无人区》等。国产电影的话题性彻底超过了《霍比特人》《巨人杀手杰克》《魔境仙踪》这些同期进口片。陈正道、薛晓路、管虎三位年轻导演为国产电影带来某种强烈的信号：中国电影结出了奇葩，它们的容貌五官是观众愿意接受的。2013年中国的电影票房年收入217.69亿元中，国产片总票房127.67亿元，以58.6%的数字翻身压住进口片，33部国产片票房过亿。2013年总票房比2012年净增47亿元，其中96%来自国产影片。

2014年全国电影总票房296.39亿元，同比增长36.15%，中国电影票房收入增长显著；其中国产电影票房161.55亿元，占总票房的54.51%。

2015年12月31日，国家新闻出版广电总局电影局通报，2015年全国电影总票房为440.69亿元，比2014年增长48.7%，创下“十二五”以来最高年度增幅。其中，国产影片票房271.36亿元，占总票房的61.58%，以较大优势保持了国产电影在中国电影市场的主导地位。据统计，2015年我国故事影片产量686部，全年票房过亿影片共计81部，其中国产影片 47 部；国产影片海外销售收入 27.7 亿元，比 2014 年增长 48.13%；全年城市影院观众人次达到 12.6 亿，比 2014 年增长 51.08%。同时，大批优秀青年电影人才相继脱颖而出，“互联网 +”促使各种新型业态进入电影行业。国产影片不断提高创作水平，不断丰富类型品种，受到了市场和观众欢迎，涌现出《西游记之大圣归来》《捉妖记》《滚蛋吧！肿瘤君》《狼图腾》《烈日灼心》《战狼》《解救吾先生》《寻龙诀》《老炮儿》等一批优秀影片，巩固了国产影片在电影市场的主导地位。在 2015 年重要档期开展的综合性电影观众满意度调查显示，电影评价不再“唯票房论”，国产影片的口碑处于持续上升态势。此外，2015 年影院建设继续保持快速增长，全年新增银幕 8035 块，平均每天增长 22 块，全国银幕总数已达 31627 块。全国影院已全部实现数字化，县级城市影院全覆盖已基本实现。

2016 年全国电影总票房为 457.12 亿元，同比增长 3.73%；城市院线观影人次为 13.72 亿，同比增长 8.89%；国产电影票房为 266.63 亿元，占票房总额的 58.33%。国产电影海外票房和销售收入 38.25 亿元，同比增长 38.09%。

2017 年全国电影总票房为 559.11 亿元，同比增长 13.45%；国产电影票房 301.04 亿元，占票房总额的 53.84%；票房过亿影片 92 部，其中国产电影 51 部；城市院线观影人次 16.2 亿，同比增长 18.08%。数据显示，2017 年，全国生产电影故事片 798 部、动画电影 32 部、科教电影 68 部、纪录电影 44 部、特种电影 28 部，总计 970 部；国产电影海外票房和销售收入 42.53 亿元，同比增长 11.19%；全国新增银幕 9597 块，银幕总数已达到 50776 块。

2018 年全中国电影总票房为 609.76 亿元，同比增长 9.06%，城市院线观影人次为 17.16 亿，同比增长 5.93%；国产电影总票房为 378.97 亿元，同比增长 25.89%，市场占比为 62.15%，比 2017 年提高了 8.31 个百分点，市场主体地位更加稳固。

2019 年，全国电影票房突破 642 亿元，较去年同期增长 5.4%，其中，国产电影总票房 411.75 亿元，同比增长 8.65%，市场占比 64.07%；城市院线观影人次 17.27 亿。2019 年新增银幕 9708 块，全国银幕总数达到 69787 块。中国电影市场保持不断增长的势头，电影创作和电影市场皆释放出巨大的活力。

受疫情影响，2020 年中国电影行业各项数据有所下降。国家电影局数据统计显示，2020 年中国电影总票房达到 204.17 亿元，其国产电影票房为 170.93 亿元，占总票房的 83.72%；城市院线观影人次 5.48 亿。

三、中外数字电影美学赏析

1. 数字电影技术

数字电影是指在电影的拍摄、后期加工以及发行放映等环节，部分或全部以数字处理技术代替传统光学、化学或物理处理技术，用数字化介质代替胶片的电影。相比传统的胶片电影，数字电影的优势主要体现在节约了电影制作费用，革新了制作方式，提高了制作水准，具体优势如下。

数字电影通过高清摄像技术，实现了与高清时代的接轨；数字介质存储，永远保持质量稳定，不会出现任何磨损、老化等现象，更不会出现抖动和闪烁；传送发行不需要使用传统的胶片，发行成本大大降低，传输过程中不会出现质量损失。数字电影通过后期制作技术、特效技术可实现目前现实世界中科技水平达不到的视觉效果，同时，也更新了观众对于电影的审美需求和审美标准。

2. 数字电影技术对电影发展的影响

主流电影大致可分为爱情电影、恐怖电影、动作电影、西部电影、警匪电影、喜剧电影等。随着技术不断的更新换代与电影制作工艺的发展，以及日益提高的观众审美，产生新的电影类型是必然的结果。从每一项新技术的诞生对电影制作的改变不难看出，电影技术对电影的题材和表现对象有极大的影响，发展电影技术可为新类型电影的诞生打上坚实的基础。

（1）科幻电影的兴起。美国科幻文艺家赫伯特 • 弗兰克曾给科幻电影下了定义："科幻电影所描写的是，发生在一个虚构的但原则上是可能产生的模式世界中的戏剧性事件。" 这里的世界可以基于现实世界的科技水平，展开情理之中意料之外的想象，可以大致上符合目前被大家认可并熟知的自然规律，也可以是天马行空的人类不曾熟悉的其他世界。

电影的创作越来越离不开数字技术，虚拟世界的创造得以实现，这与科幻片的要求十分契合，使这一类型的电影在技术上有了可能性。1977 年，乔治 • 卢卡斯带着《星球大战》系列来到全世界观众的面前，开启了全民科幻的浪潮。他和《星球大战》的成功，来自将一个十分老旧的故事套上了当时能够想象的最尖端的科技外衣。这也让乔治 • 卢卡斯看到了数字技术的强大力量，并成立工业光魔公司，专门深入研究和创造更多的数字特效技术，为后来的众多导演的科幻电影提供大量的数字特技支持。

20 世纪 70 年代，科幻电影的时代来临，《第三类接触》《ET》《黑衣人》《独立日》和《星战前传》系列、《异形》系列等科幻电影登上银幕。到了 21 世纪，《蝙蝠侠》系列、《蜘蛛侠》系列、《漫威》系列、《黑客帝国》系列和《终结者》《未来水世界》等科幻电影点燃了观众的科幻热情。而手握数字技术的电影巨头也成功地将科幻电影打造成了好莱坞三大类型电影之一。

（2）魔幻电影的风靡。魔幻电影的风格是独树一帜的。对拉美文学颇有造诣的朱景冬先生曾给魔幻文学下的定义是"借助神奇的、具有幻想色彩的事物，如神话故事、古老传说、鬼怪活动、奇妙的自然现象，运用象征、夸张、荒诞以及现代派的一些手法，如时序的颠倒、多角度叙述、电影蒙太奇等，反映历史、现实、人的内心世界的一种艺术表现手段"。

对比科幻电影，魔幻电影不仅仅局限于科技与幻想的融合，而是主观意识的创造，可以不受现实的任何影响，挣脱所有的规则束缚。它的灵感来源往往出自各种文化的神话传说，比如西方的吸血鬼，埃及的金字塔，美洲的尖帽子女巫，中国的西游记、白蛇传，印度的阿拉丁还有日本的八岐大蛇、天狗等。在早期的魔幻电影中，1939 年在北美上映的《绿野仙踪》应算作是一个雏形，《绿野仙踪》通过大胆的想象与童话故事结合，再配上具有魔幻效果的背景配乐俘获了当时的观众。但受限于当时的技术条件，魔幻电影与科幻电影的处境相同，在长达 60 年的时间内都没有得到很好的发展。

2001 年，《指环王Ⅰ》上映，在斩获多项大奖的同时也取得了极高的票房，从此，魔幻电影类型成为了正式的电影类型之一。随后，全球的电影公司都嗅到了这一庞大的市场，纷纷开始创作自己的神话故事，如英国的《哈里波特》、美国迪士尼的《纳尼亚传奇》、讲述埃及法老咒语的《木乃伊》。中国作为拥有 5000 年文明的大国，在神话题材方面绝对是佼佼者，于是创作出了《新蜀山传》《无极》《长城》和《大话西游》系列等优秀的魔幻电影。

（3）灾难电影的成熟。灾难电影是指以当人类遇上狂暴的大自然、外星高等文明入侵等不可抗力时造成大量人类伤亡甚至灭绝为题材，利用惊恐、悲惨的画面以及废墟式的景观作为主要内容的电影。20 世纪 50 年代后，仅仅将灾难的场景作为叙事的情节并不能抓住当时的观众。直到 20 世纪 70 年，数字技术加入电影行业后，灾难电影才真正做到了“场景还原”，用震撼人心的场景俘获大量观众，并且通过对比人类在自然面前的渺小，直击观众心灵，这才使灾难电影走上了日益成熟的道路。

说到灾难电影就不得不提斯皮尔伯格创作的《大白鲨》系列。在创作过程中通过对运动控制技术的成熟运用，使得 1:1 还原制作的“大白鲨”模型活灵活现，栩栩如生，令人窒息的压迫感比现实中的大白鲨不遑多让。随后各种毁灭性的自然灾难全部被搬上了银幕，如《完美风暴》中游艇的渺小，《后天》中将自由女神像都掩埋的冰河世纪，都给人留下了深刻的印象。

国产灾难电影相较于好莱坞还是有不小的差距的，但我国对于数字技术并不陌生，并且处于高速发展的阶段。《紧急迫降》《极地营救》等优秀的国产灾难电影并没有使观众失望，反而证明了中国的灾难电影正在逐步走向成熟。灾难的重现给了观众巨大的感官刺激，许多观众渴望感受灾难中人性的伟大和美好，因此，灾难电影成为主流的电影类型是毫无疑问的。

（4）动画电影的繁荣。传统动画电影都是二维画面。虽然迪士尼是传统动画电影领域里的绝对霸主，但是仍有多部动画电影开始使用手绘与特效动画相结合的创作方式。1988 年横空出世的《谁陷害了兔子罗杰》是电影史上第一次将现实的人物与卡通人物融合，在技术的支撑下，虚拟与现实配合默契，这是一次里程碑式的成就。在上千个特效镜头中，数字技术的运用达到了令人叹服的程度。

1995 年由迪士尼出品的《玩具总动员》为三维动画打开了新世界的大门，同时，它也是历史上第一部全部使用 3D 技术制作的动画电影。片中的一切都由计算机生成制作，大到玩具世界的构建，小到角色脸上细小的表情变化，都被数字技术一一呈现。随后《海底总动员》《怪物史莱克》《超能陆战队》《冰雪奇缘》和《冰河世纪》系列、《功夫熊猫》系列等优秀的三维动画电影都取得了华丽的票房，这些电影中的每一个镜头都是在展示数字技术将虚拟与现实结合得恰到好处，既创造了逼真的画面效果，又增添了观感体验。时至今日，动画电影已然在主流电影类型中站稳脚跟。

随着国产数字技术的提升，近几年国内涌现出大量优秀的动画电影，比如《大圣归来》《哪吒之魔童降世》《大护法》等。

3. 数字电影带来的审美变化

（1）追求视觉奇观。当下，爆炸式的外来信息不停地冲击着人们的满足感，通过视觉传播的载体越来越普及，影响成本日益降低，人们接收信息的门槛也在逐渐降低，使得接收到的信息庞大而琐碎，人们无法分辨信息的价值。生活的快节奏、碎片化，工作带来高压，导致人们早已经没有耐心去思考与反思，对迅速而直观的东西更有兴趣。因此，追求感官刺激，尤其是追求快速的视觉感官刺激变成了当下观众的普遍需求。有需求就一定有供给，这虽然是个经济学概念，但是放在电影行业也是十分合适的。随着数字技术的介入，电影发展突飞猛进，不停地创造各种奇观带给观众视觉的冲击与感官的享受，极大地满足了当下人们对于感性审美的需求，消解了大部分人们精神上的疲倦，使人们得到了放松。

数字特效带来了天马行空的虚构世界，创造了叹为观止的视觉效果，电影银幕已然成为一个个不同世界的载体，观众能够自主选择自己喜欢的世界进入。不同的观众有着不同的需求，根据需求可以大致分为三种奇观。

1）动作奇观。经过几十年的发展，动作电影一直都是电影类型片中的热门。受限于传统电影技术的限制，观众对于普通的动作招式和射击已经滚瓜烂熟，甚至自己都能够预判出下一个情景，这使得观影体验急剧下降。观众审美能力的提高，时刻都在要求动作电影在创作过程中需要更新鲜的表现。而数字技术的出现，让原本已经失去活力的动作电影又重新焕发了生机。我们看到了《黑客帝国》中子弹以极慢的速度划过尼奥的身边，而尼奥则可以使用一种违背物理规则和人体极限的姿势躲避子弹；见证了《指环王》的史诗战役中难以计数的怪物，且每只怪物都有独立的打斗动作；看到了《英雄》中锋利的宝剑刺破停留在半空中的雨滴，感受到来自剑客武技的快准稳。

2）速度奇观。我们现在谈论的速度奇观其实包含了两种含义，一种是镜头切换的速度，二是影像中的主体运动的速度。当这两种速度被合理地运用到电影制作中时，速度奇观便出现了。为了满足当代观众的需要，同时也为了创造一种新的叙事方式来迎合观众的口味，速度奇观在各种类型的电影中发挥了至关重要的作用。有一些速度场景是观众在日常生活中看不到的，而数字技术可以将这些场景放慢，让观众从“快看”变成了“看快”。比如 2005 年上映的电影《头文字 D》，平时观众无法直观地感受到漂移和甩尾的魅力，即使从身边经过也会来不及感受，而这部电影通过数字技术 CG 特效，将漂移的赛车有节奏地展示在观众面前，使观众获得速度奇观带来的感官刺激。

3）场面奇观。场面奇观指的是我们平常生活中很难见到的独特景观，根据内容的特点可分为三个类型，即自然、虚拟和人文。场面奇观的重要性是不言而喻的，它也是观众获取观影快感的首要来源。好奇心会驱使着观众不停地探索闻所未闻、见所未见的场面和景观，而数字特效技术恰好提供了这个机会，例如在自然奇观中，观众能充分地感受人在暴虐的自然面前是多么的无力。电影中的场面奇观如《完美风暴》中巨大的海浪吞噬渔船所展现的暴怒和凶险;《金刚》中神秘的热带雨林，各种危险的生物层出不穷;《星球大战》则是将观众带到了一个只能在想象中出现的宇宙空间；《人工智能》是对人类科技未来的憧憬和幻想，也是人类对自身的深刻反思和人性的探讨；《黑客帝国》对虚拟网络世界的构建，令人惊叹。此外，一些消失在人类文明历史车轮中的人文景观可通过数字技术进行修复，在大荧幕上重新发光。

（2）新的“真实”美学。

1）数字技术的介入，使非现实的场景变得真实。“非现实”，顾名思义，是指不可能存在于现实空间中的人、事、物。创造出的奇幻的生物、怪异的景象既不存在于历史，也不会在未来出现。虽然我们永远都不会在现实世界看到这些怪物和场景，它们都是创作者脑海中的奇思妙想，但它们的灵感几乎全都源于创作者们生活的现实世界。

例如《指环王》中“咕噜”这一角色，不但具有真人般的皮肤，还有传神的面部表情和姿态动作，被称为最真实的数字人物。这一效果很大程度上要归功于“动作捕捉技术”。演员安迪•瑟金斯被指定为咕噜动作和表情的采集者，他必须身着特殊的紧身外衣，全身布满传感器进行表演。他表现的每一个动作和细微的表情都会通过传感器输入计算机，成为咕噜表演的基本素材，接下来经过计算机 3D 软件的复杂加工，咕噜的形体和面部表演得到进一步修正，最后在合成工序中，这一数字人物就能与其他演员形成天衣无缝的对手戏了。

2）数字技术的介入，使现实场景表现得更真实。运用数字技术，可以使某些不可搬演的场景得以真实再现。这些现实的场景真实发生过，真实存在着，即使年代再久远也具有现实的再现性。而以数字技术创造出不能再现或不以人的意愿发生的事件，强化这些现实事件的奇观效果，最终目的是要得到观众的心理认同。因此，现实场景的真实再现也成为数字技术的使命之一。如将早已灭绝的史前动物“复活”并搬上大荧幕是数字技术的特长，无论是《侏罗纪公园》中各种类型、各种大小的恐龙，还是《冰河世纪》中各种各样的史前哺乳动物，都是创作人员充分考察了大象、犀牛等动物的皮肤质感、行动步态等数据后输入计算机处理，才使不可能再现的史前动物具有了生物特有的动作协调性，令观众仿佛置身于那久远的时代。

四、数字电影技术在中国电影创作中的应用

1. 武侠片的革新

《卧虎藏龙》除了将中国武侠的神秘和浪漫介绍给了全世界之外，也将数字特效技术

在武侠片的运用推向了一个新的高峰。紧随其后的《英雄》《十面埋伏》《无极》《夜宴》，直至2006年岁末极尽奢华的《满城尽带黄金甲》，都将数字技术应用到极致。值得一提的是，港台的传统武侠片也大受启发，创作出了例如《蜀山传》《少林足球》《功夫》《神话》和《西游》系列等优秀的电影，在票房火爆的同时也展示了当代武侠电影与魔幻电影相结合之后产生的崭新的视觉形式与风格，传统武侠片的创作思维、审美观念都被改写或更新。

2. 再现历史的战争电影

战争场面是所有战争电影绕不开的一道关卡。战场上的枪击爆破、硝烟弥漫、血战肉搏等经典场面都是战争电影必不可少的表现元素。传统国产战争影片中枪林弹雨的场面往往由于资金的缺乏和技术的简陋，其制作效果难免令人感到虚假，因此无法达到预期的震撼程度和惊险效果。而数字技术进入电影创作后，战争场面的表现力和真实感在一定程度上得到提升。

《太行山上》是中国首次大规模地进行数字制作的战争片，也是中国第一部全片进行数字中间片（DI）调色配光的电影。依靠大量数字技术的处理，《太行山上》呈现出千军万马、战火硝烟的宏大场面，颇具真实感和冲击力。影片以具有动感的战争影像为观众打造出不同以往的视觉享受，成就了中国首部全新视觉的战争大片。为了尽其所能表现出战争的真实场面，《太行山上》动用炸药100吨、部队官兵11万余人次、战车800余辆、直升机航拍200余架次，聘用武师100多名，并由30多位数字制作人员跟踪拍摄，制作出30分钟特技镜头，表现出千军万马、气吞万里的宏大场面，营造出中国特色的战争大片奇观。

3. 虚拟的现实题材影片

2004年末，冯小刚的贺岁片《天下无贼》一改往昔风格，运用了大量数字技术，为影片增色不少。虽然部分特技镜头尚有瑕疵，但值得肯定的是，其中数字技术的运用服从于影片的整体娱乐效果，并且适应于故事讲述的需要。全片共有600多个特效镜头，而没有一个以“炫耀”作为视觉重点，它们是为了给演员营造一个表演舞台而作为背景存在的。

例如“黎叔”展示他的才能，单手剥生鸡蛋皮而内壳完好无损这场戏，就利用了数字技术为葛优“做”出一副好身手。实拍时，葛优只要按照设计好的动作进行表演即可，当然这时的鸡蛋并没有转动，蛋壳也未脱落，只在蛋壳上画好标记。拍摄完成后将这一场景输入计算机，利用跟踪软件对鸡蛋上的标记进行跟踪，制作出与实拍时摄影机机位和运动相符的数字鸡蛋模型，并设置在鸡蛋旋转的同时，用分离功能把鸡蛋模型划分出一些不规则的碎片，然后结合手指动作将蛋壳的碎片设置出动画，这样鸡蛋皮被手指剥落的效果就展示出来了。运用数字技术为人物的“绝活”加分，既调动了观众的好奇心和兴奋点，又并无突兀虚假之感，算得上是一次成功的实践。

思考与讨论

1. 数字技术与电影创作有什么关系？
2. 数字电影与传统电影相比有哪些优势？
3. “网络大电影”是否属于数字电影？
4. 你认为数字技术还可以为电影提供哪些方面的创新？
5. 请你选择一部电影进行赏析，从技术和创作背景方面对其进行美学分析。

第3章　设计美

引言　人工智能与大数据时代下的美学探索

2017年，社会进入人工智能时代，因此，这一年也被称为人工智能元年。从这一年起，人类社会的发展受人工智能影响，开始飞速发展。审美的对象自手工艺时代开始，经过机电技术的革命，始终保持着“物质”的特性，信息技术革命后，审美对象又增加了一项新的“虚拟”特性，在人工智能技术出现之后，审美模式已经从产品“单向”影响人，转变为人与产品“双向”影响。人工智能技术的发展也促使人与智能产品的交互模式由用户“被动交互”转变为“主动交互”。这种新的主动交互模式增强了人们的交流意愿和使用体验。随着新一代信息技术的发展，传统的人机关系产品实现了人机之间的情感、感知、行为甚至生物等维度的融合，这一系列融合的强度的发展经历弱融合——强融合的过程。同时，产品美学也受到人工智能技术的影响，形成了新的体系。

技术进步是社会发展的必然规律，技术的发展给生产、生活和社会带来一系列变化，并且影响产品设计美学。工业革命时期的产品设计美学经历了三个阶段：机械时代的机器美学、电气时代的技术美学和信息时代的认知美学。21世纪伊始，人类进入人工智能时代，技术的巨大变革正在改变智能产品的设计美学，表现为人与智能产品的融合共生。在人工智能时代初期，人机之间的融合还处于弱融合阶段，在此阶段，产品设计美学表现为形式脱离功能，产品基于消费者个性化审美，依托大数据与深度学习开展智能产品形态的计算美学设计，属于智能美学的起步阶段。在未来人工智能的强融合阶段，产品设计美学还需要针对产品的使用环境、用户群体、使用时间等因素进行合理的设计，最终形成“适智美学”。目前正处于人工智能发展的黄金时期，人工智能在医疗、教育、交通等社会生活关键领域发挥越来越大的作用，人机关系问题是当今时代重大的工程问题、社会问题、哲学问题及设计问题。思考产品设计中功能与形态的美学关系，其本质是思考人如何在技术的快速变革下发挥人的主体性，尊重人性，实现人的价值，让人类成为技术的主宰。

在现代设计领域中，“艺术”与“美学”是两个不同的概念。美学是一个古老的原则，它围绕着美丽的本质和人们喜欢漂亮事物的事实展开，是建筑、平面设计等领域的核心。

人类天生擅长视觉输入，用户的第一印象通常在50ms内形成——因为他们的直觉反应会引导他们选择继续使用或放弃该设计 / 产品。美学是核心设计原则，它定义了设计中令人愉悦的品质。在视觉方面，美学包括平衡、颜色、运动、图案、比例、形状和视觉重量等因素。设计师使用美学来补充其设计的可用性，从而通过有吸引力的布局增强功能。

“设计是将形式和内容结合在一起的方法。设计没有唯一的定义，就像艺术一样，设计有多重定义。设计可以是艺术，设计可以是美学。设计如此简单，这就是为什么它如此复杂。”

——著名平面设计师保罗•兰德

第 1 讲 产品设计美学

一、产品设计介绍

设计是无处不在的，就像任何人都可以成为设计师一样，设计也影响着每一个人。作为人类，我们天生就拥有一种直觉，能够分辨设计的好坏。同时，在我们使用产品时，潜意识中也会受到设计的影响。好的设计可以使我们的生活变得更轻松，相对的，差的设计也会让我们的生活变得更麻烦。例如图 3-1 中的例子大家生活中一定遇到过。

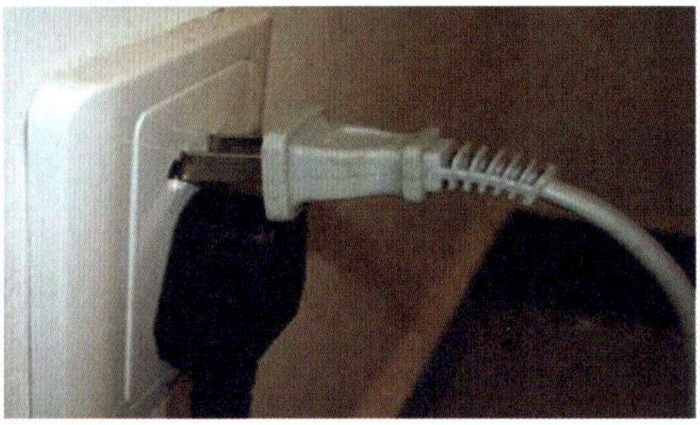

图 3-1 矛盾的插座设计

产品设计通常被定义为从头到尾构建新产品的整体方法。这包括市场研究、识别问题、产品开发、设计解决方案以及中间涉及的一系列过程步骤。尽管如此，产品设计的这个定义可能解读起来很模糊，它可以是如眼镜、剪刀、相机、苍蝇拍、垃圾桶、花瓶、电话、门垫、衣架、剃须刀、瓶塞、水壶、打火机、灭火器、餐具、塑料袋等日常生活用品，也可以是软件、网页、App 甚至是服务等虚拟产品。总体来说，产品设计的目的是通过满足用户的物质需求或精神需求，提高人们的生活质量。产品设计也是一项商业活动，可以帮助企业确保他们创造和销售的产品能够吸引或取悦消费者。产品设计提供了一系列途径：

- 改善产品的功能和外观。
- 满足未解决的需求。
- 创造一种关键对象之间全新的交互方式。

产品设计活动总是与制造实体产品的公司有关，尤其是与消费者（或面向消费者）的产品有关。“产品”这个词被广泛而混乱地用来形容一切，从保险到银行账户都可以称为产品。而且，只要有“硬件”和人们互动，就与产品设计有关联关系。这些产品设计元素也许不那么明显，但许多工业产品制造商在其产品开发制造过程中会融入产品设计，并且从其中获益匪浅，尤其是那此需要在激烈的竞争环境中突出其产品优势的制造商。

一个典型的例子是大疆无人机（图 3-2）。2012 年，大疆公司发布全球首款航拍一体机大疆精灵 Phantom 1，将相机与无人机整合一体化，凭借高度集成的软硬件设计，到手即飞的新体验，一举颠覆了消费级无人机市场，成就了今日大疆在无人机领域的霸主地位。

图 3-2　大疆无人机

该例子中，大疆在产品设计阶段，将两个已经趋于成熟的产品：相机、无人机进行结合，开创了航拍无人机这一新的产品线，从而赋予了无人机新的生命。该设计将无人机的使用范围从小众化的专业领域拓展到了全民化的消费领域，创建了一种与用户交互的全新方式，开启了一个属于民用无人机的时代。

简单来说，我们可以把解决问题的过程称为产品设计。它是将人的某种目的或需求转换为一个具象或抽象工具的过程；是把一种计划、规划设想、问题解决方案，通过具体的操作，以理想的形式表达出来的过程。从本质上讲，新能源汽车就是人们为了解决能源及污染问题（图 3-3）所设计的解决方案，图 3-4 中的比亚迪电动车即为一款新能源汽车。

图 3-3　尾气污染

图 3-4 比亚迪电动车

1. 产品设计史

世界产品设计史如图 3-5 所示。

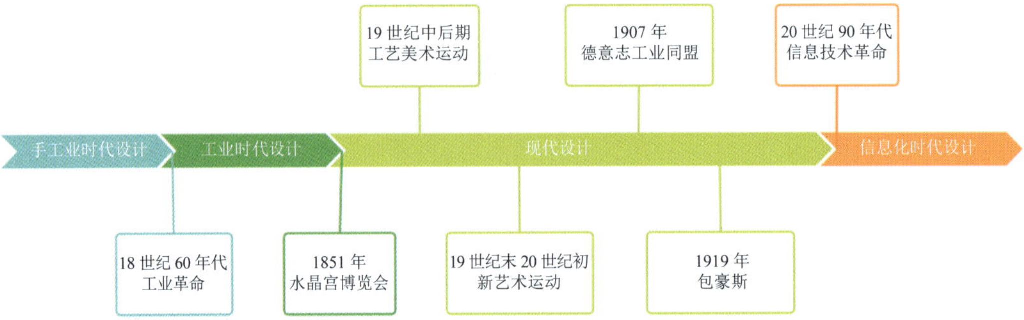

图 3-5 世界产品设计史

（1）手工业时代设计。早在石器时代，原始人类在制作石器时便有了明确的目的性，同时在制作工艺上也有了一定的标准。因此，我们可以认为人类的设计概念在石器时代就已经萌芽。

从历史的角度来看，西方普遍认为达•芬奇（1452—1519 年）（图 3-6）是第一位产品设计师。达•芬奇除了是一位伟大的画家之外，同时也在解剖学、光学和力学等方面有所成就。除此之外，他还在机械工程的基础科学方面进行了开创性的工作，他在自己的职业生涯里创作了数千幅机械图纸，研究和设计飞行器、劳动工具和战争器械。

图 3-6 达•芬奇

达·芬奇的设计概念主要应用于实际的物体、机器和设备，因此他的设计概念更关注于技术而不是以创造性为导向。但是，达·芬奇影响了后世的设计思想，他提出了一个重要的观点：设计师是一个发明家。达·芬奇的手稿和后人根据其手稿制作出的模型分别如图3-7和图3-8所示。

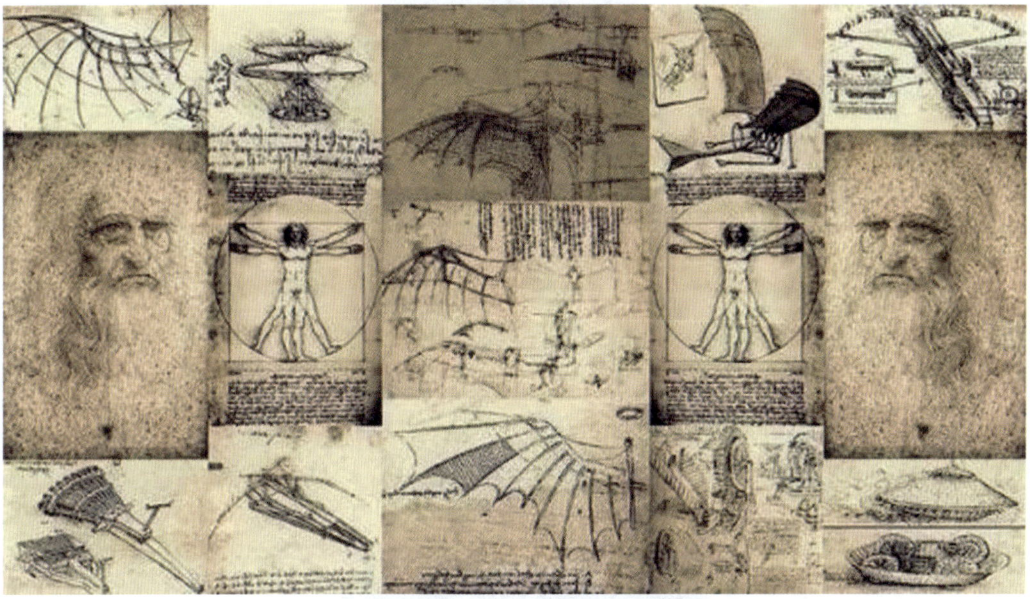

图3-7 达·芬奇手稿

图3-8 达·芬奇手稿模型

在达·芬奇出生前约2000年左右的中国，同样有一位伟大的发明家、设计师——鲁班（前507—前444年）（图3-9）。

受中国古代传统思想影响，中国古代的建筑工艺大多是由工匠间口述或手抄本的形式传承，史料中的记载寥寥无几。明代的《鲁班经》是现今仅存的民间记载木工工艺的印本，具有较高的历史研究价值。

图 3-9　鲁班

据《鲁班经》记载，鲁班一生发明了许多工具器械，如鲁班尺、墨斗、刨子、钻子、锯子等。鲁班的发明使当时工匠们的劳动效率显著提升，免除了大量原始繁重的体力劳动，使中国古代的土木工艺得以飞速发展。因此，后世人将鲁班尊为“木匠鼻祖”，以纪念鲁班在土木工艺历史中做出的贡献。鲁班发明的鲁班枕如图 3-10 所示。

图 3-10　鲁班枕

（2）工业时代设计。18 世纪 60 年代，英国发起的第一次工业革命，这是一次技术上的巨大变革，它开创了以机器代替手工劳动的时代。在工业革命以前，产品的设计和制造往往由同一角色完成，而工业革命带来的新生产方式将生产过程中的劳工进行细分。在此阶段，人类开始使用机械替代人工，进行大批量生产。而产品的设计活动从生产过程中剥离出来，形成了新的分工，即产品设计。

1919 年，首次出现“工业设计”一词，该名词由约瑟夫•西奈尔提出，他开办了一个设计事务所，并在自己的信封上印上了这个词。

在工业设计时代的初期，市场竞争愈发激烈，制造商一方面使用机械进行批量生产以降低生产成本，另一方面又把设计作为扩大市场的手段以吸引消费者。但是，传统制造商们并没有意识到这种全新的制造模式带来了一种全新的设计概念，他们将设计从生产中剥离出来，单独视为装饰作用，而不是使两者紧密结合，形成一个有机的整体。其体现在为了满足消费者显示其自身财富及社会地位的需要，不惜损害产品的使用功能，借助一些并不需要的装饰品附庸风雅、提高产品身价。其中一个最典型的例子即大名鼎鼎的水晶宫博览会。

水晶宫建于1851年，是一个以钢铁为骨架、玻璃为主要建材的建筑，是19世纪的英国建筑奇观之一，也是工业革命时代的重要象征物。水晶宫博览会是工业革命后人类近半个世纪技术成就的综合检阅，也是这一时期技术与艺术分离现状的集中暴露。

（3）现代设计。

1）工艺美术运动。早期的这种缺乏整体设计、功能与形式分离的产品，激发了一些思想家，如英国的约翰•拉斯金和威廉•莫里斯等。他们对现有的设计缺陷进行反思，由此开始了持续半个世纪的设计改革浪潮。威廉•莫里斯倡导了“工艺美术运动”，试图建立一种新的设计标准来弥补现有设计的缺陷，提出了“美与技术结合”的原则。工艺美术运动强调手工艺的重要性，反对工业化生产中各种矫揉造作的风格，倡导简单、良好、朴实的设计。

2）新艺术运动。在工业革命和普法战争之后，欧洲的政治经济形势趋于稳定，大规模的社会生产也导致了市场竞争的日益激烈，这就导致了艺术家和商人对一种新的、非传统的艺术表现形式的需求。这种需求在欧洲大陆上催生了一场新的艺术运动。这场艺术运动被称为“新艺术运动”，它偏向于精致的装饰，倡导自然风格，强调自然界中存在的曲线和有机形态，此阶段受东方风格，尤其是日本江户时期的装饰风格与浮世绘的影响。

赫克多•吉玛德是新艺术运动的一个典型代表人物。他常在大自然中吸取灵感并用于设计，由他设计的巴黎地铁站至今仍在使用。该设计中，地铁入口的栏杆、灯柱等装饰的线条纹样的灵感来自流动植物的概念，以此表达自然界中的线条起伏，这也是新艺术运动中最具代表性的设计标志。

新艺术运动在工业设计历史中十分重要，这一时期产生了大量优秀的工艺和产品，为20世纪初伊始的工艺设计发展开创了一个全新的时期，是传统工艺和现代工艺设计之间的一个承上启下的重要时期。

3）德意志工业同盟。1907年，德意志工业同盟在慕尼黑成立，新艺术运动和工业革命进一步深入人心，人们开始对浮夸的装饰感到厌倦，转而崇尚朴实无华、简单实用的设计，这一背景也促成了德意志工业同盟的兴起。

德意志工业同盟的宗旨是通过艺术、工业和手工艺的结合，完成标准化、批量化的生产。其主张设计师应当考虑生产的需要而不是自我表现，在机械化生产的前提下，把产品标准化作为设计的基本要求。

史彼得•贝伦斯是德意志工业同盟的代表人物，他的设计为现代主义设计风格的发展奠定了基础。

4）包豪斯。包豪斯在德国设计历史上的重要作用不言而喻，它最早是1919年在德国魏玛市成立的一所现代设计研究学院，是当时世界上第一所积极倡导现代设计专业教育，有着完整的教育宗旨和教学制度的设计学院。它的诞生对于现代设计的理论、现代主义的设计专业教育和实践都具有划时代的影响和意义。

包豪斯在设计理论上有三个基本观点：

- 艺术与技术的新统一。
- 设计的目的是人而不是产品。
- 设计必须遵循自然与客观的法则。

这些观点对于现代工业设计的形成和发展具有积极的推动作用，使得现代工业设计逐渐由理想主义迈向现实主义，即以一种理性、科学的思维方式来代替传统艺术的自我表现和浪漫主义。包豪斯创办人沃尔特·格罗皮乌斯设计的座椅如图 3-11 所示。

图 3-11 沃尔特·格罗皮乌斯设计的座椅

包豪斯在现代艺术设计历史上的地位极其重要，其建立了一整套设计课程的教学体系与方法，重视技术与艺术的有机结合，为现代艺术设计的形成与发展打下了坚实基础。包豪斯是一个伟大的里程碑，是艺术设计学科体系化的标志，对后世设计领域的影响无处不在。

（4）信息化时代设计。20 世纪 90 年代，以计算机技术、互联网技术和移动通信技术为代表的信息技术革命深刻地改变了人类的生活面貌和社交模式，使得 21 世纪成为信息时代。现代信息技术的发展在改变着我们生活方式的同时，也在改变着设计师们的工作方式，使现代设计的形式和内涵都在发生根本性的变化。

1982 年，苹果公司首创了使用鼠标和图形界面的计算机 Apple Lisa，但由于其高昂的价格导致销量不佳。1984 年，在 Apple Lisa 的基础上，苹果公司改进推出了售价更便宜的第一代 Macintosh（Mac）计算机（图 3-12），让计算机成为可以被大众使用的产品。

图 3-12 Macintosh 计算机

2. 产品设计的重要性

市场经济所带来的大规模和物质化的生产使得产品设计的重要性已经提到了空前的高度，人们对于物质和精神生活的迫切需求和高标准的生活条件都为产品设计工作带来了新的技术要求，企业想通过提高产品的设计水平以谋求其在激烈的市场竞争中取得优势，产品的设计师在设计中对于产品的环境效果的考虑也会直接影响到人与自然社会和谐的发展。具体而言，产品设计的含义主要表现为以下三个层次。

（1）人的方面。随着我国经济社会发展逐步进入工业化时代，物质财富虽然呈现出指数级的增长，但是直到现在，生活在这个物质空间里的人们却常常缺少幸福感。生活中一些物品在设计上的许多不合理给人们带来了各种生理上和精神上的不适，设计过程中的某些错误或误导也给整个社会带来了一些不良影响，这些原因往往直接导致了人们的烦恼。工业设计以人机工程学为基础来指导产品设计，使得产品尽量符合每个人的生理特征和心智习惯，用传统的美学思想和观念去创造产品形式，使得产品能够给使用者带来最优美的视觉享受。总而言之，给消费者带来日常生活的便利与情感愉悦，成为了一件优秀的产品设计作品的基本要求。

（2）市场方面。随着工业化的生产发展进行到当前这个时期，产品的同质化也越来越明显，如何才能够使自己的产品在众多质量几乎毫无差异的产品中脱颖而出，获得广大消费者的认可和青睐，从而能够获取比别的企业更多的收益，是现代厂家最为关心的一个问题。工业设计对于产品的各种功能性、创新性和审美性的重视提高了产品对于目标的吸引力，增强了产品的竞争力，同时提高了产品的经济附加值。通过工业设计可以依据市场需求对产品的各种功能进行合理组合，应用系统化的观念进行设计并促成生产流程优化，以及从市场营销的角度向企业提出意见和建议，这些都可以看作企业在市场上获得优势地位的一种有效手段。

（3）环境方面。工业化的大规模生产带来了现代人类社会的物质文明，但是它也破坏了我们赖以生存的自然环境，严重地消耗了不可再生的清洁能源。工业设计技术能够在产品研制开发的初期，以传统绿色设计和社会主义可持续发展理念作为指导方针，通过针对性地进行产品原材料的选型，对使用方法进行优化，引领人们培育出有利于保护自然环境的消费习惯和健康的生活方式等多种途径解决问题。

3. 产品设计中的美学

（1）美的产品更加吸引用户。以前，用户在选择产品的过程中仅仅会期待购买的产品具备某些功能和可用性。今天，人们已经默认了产品拥有完善的功能和可用性，开始探索除了功能与可用性之外的其他特性。用户想要寻找能够刺激他们的感官并能引发热情的产品，而美学设计正是满足这些要求的关键。人们都习惯于从书的封面来判断某一本书的内容，认为封面设计得越好，书的内容也可能越好，这种现象被称为“美学可用性”，好看的商品比难看的更容易被使用，也会变得更有价值。

所以当产品都具备较高的功能性和易用性时，美学可用性现象便特别明显。外形较好的产品可以迅速获得用户的青睐，美观的设计既带给了用户正面的感受，又让人们更加信任厂家的品牌。对一件产品的早期印象非常重要，美学也影响着人们的认知思维和感受，甚至也影响着人们对一件产品或一个人的长期态度。这就要求设计师不仅要给产品设计出漂亮的外观，还需要进一步加强产品与用户之间的联系，产品必须在整体上、在用户的使用过程中都能始终保持美观。

（2）功能与形式。与传统的艺术不同，产品设计过程中的美学不是独立存在的，而是将美学的原理运用到了生产工艺技术的各个领域，最终实现了产品在功能和形式上、美学和技术间的和谐统一。

艺术作品中的美，主要是取自其艺术表现力的水平，其中的形象之美往往具有很强的精神属性，与其实用性无关。但是产品设计领域内的产品之美则不能够只是纯粹的精神而已，应当具有某种实际价值，给人们带来具体利益。

所以，即使设计的产品再美，若无法为产品提供功能性，这种产品设计也是失败的。因此，在产品设计中，功能是大于形式的，任何美学设计的前提应当是满足产品的功能性和易用性。

二、案例赏析

1. 可口可乐瓶

一个好设计的影响力会超越这个设计本身。可口可乐弧线瓶就是一个很好的例子，它帮助可口可乐公司在当时的饮料大战中脱颖而出。该产品的灵感来自女性的曲线美，用黄金比例将整个瓶身分割为上下两个部分，在百看不厌的同时，也增加了握持的舒适性，标志性的瓶身设计使得人们只需要靠包装外形便能够准确地辨认出可口可乐。这一设计自 1915 年以来一直被可口可乐公司沿用至今，成为了产品设计中的百年经典，同时也给可口可乐公司带来了巨大的品牌效益。

2. 瑞士军刀

瑞士军刀由瑞士工匠卡尔·埃尔瑟内设计，最初发明目的是给入伍的士兵配备一把方便携带、使用便捷的小刀。从起初只有两片刀刃到增加各种丰富刀刃，现在的瑞士军刀几乎无人不晓，其方便携带和多功能的优点深受人们喜爱，特别是在登山、远足、航海等冒险活动中几乎为最佳装备。

3. 韦士柏踏板车

经典的韦士柏踏板车是全球公认的意大利设计美学标志。1946 年，意大利比亚乔公司找来了飞机设计工程师科拉蒂诺·达斯卡尼奥来设计用 2 个轮子驱动的代步工具产品。在没有任何同类产品可供参考的情况下，科拉蒂诺·达斯卡尼奥凭借自己的天赋和在飞机设计领域的设计经验，成功设计出了这款踏板车，该款踏板车一经推出就引起极大反响，因为这种两轮的“汽车”可提供乘客腿部衣着的保护，使得男女都能舒适地骑乘。基于此特点，韦士柏踏板车立刻在意大利市场发烧蔓延。

4. 哈苏 500C 相机

1957 年问世的哈苏 500C 相机被业界认为是摄影历史上最为著名和最具有标志性的照相机之一。1962 年，哈苏 500C 被宇航员沃尔特 • 施艾拉携带进入太空，该产品也就此成为第一台进入太空的相机。时至今日，哈苏 500C 相机仍被许多摄影爱好者收藏使用，是摄影史上的传奇之作。

5. 索尼随身听 Walkman

Walkman 是索尼有史以来最为成功的产品。该系列首款产品由索尼公司设计师木原信敏于 1979 年设计出品，从此标志着便携式音乐理念的诞生，改变了人们的听歌习惯，同时也改变了一个时代。对于全球的音乐爱好者来说，Walkman 依然是伟大的产品，甚至现在还有一些玩家仍在使用 Walkman 听音乐。

6. 戴森吸尘器

戴森吸尘器是一个完全重新思考主要家用产品功能方式的经典例子。在 20 世纪 70 年代，詹姆斯 • 戴森受到锯木厂工业旋风系统的启发，开发出一款无袋真空吸尘器，从那时起，这种经典工业设计产品的许多不同版本陆续被开发出来，包括手持版本，从此彻底改变了吸尘器市场。

7. 外星人榨汁机

由菲利普 • 斯塔克于 1990 年设计的外星人榨汁机被普遍认为是现代工业设计中的标志之一，至今仍在美国纽约现代艺术博物馆展出。该产品的外观形似鱿鱼的形状，据说这是斯塔克在往鱿鱼上挤柠檬汁时突然爆发出来的灵感，并在餐巾上勾勒出设计图。该产品完美地诠释了抽象的联想如何激发标志性的设计。

8. iPod/iPhone/iPad

由苹果公司前首席设计师乔纳森 • 伊夫设计的 iPod、iMac、iPhone、iPad、iWatch 等众多苹果产品，是具有划时代意义的产品设计。其中最为重要的 iPhone3G，可以说是现代智能手机的原型。如果没有 iPhone，移动智能设备绝不会以如此迅捷的速度、低廉的价格普及，形形色色的 App 也绝不会充斥在我们的视野中，成为休闲、工作最重要的伙伴。苹果公司真正做到了靠产品改变世界。

9. 椰树牌椰汁的包装

国民饮品“椰树牌椰汁”的包装是由一个完全不懂设计的人，椰树集团董事长王光兴使用 Word 软件设计而成的。从设计的角度，很难说这是一个好的设计，但这个独特的包装设计确实成为了椰树牌椰汁最具特色的标志，做到了让消费者过目不忘，取得了商业上的巨大成功。

因此，设计应当是自由的，是充满无限可能的。在遵循基本设计原则的同时，设计师也不能完全被规则所限制。设计从来都是基于感性的理性，永远是感性与理性结合，约束与自由并存。在严谨规则中释放灵感之光辉，才有可能成就经典的设计。

三、设计的相关知识

1. 设计十诫

德国博朗公司的首席设计师迪特•拉姆斯是工业设计史乃至整个设计领域中最重要的人物之一，他在20世纪80年代提出了“设计十诫”，被众多设计师奉为设计的至高准则，其内容如下。

（1）好的设计是创新的。创新的可能性还远没有被穷尽中，技术的发展不断为未来设计理念提供新的可能性，以提升产品的使用价值。设计的革新总是与技术的革新相连，其本身从不是目的。

（2）好的设计是实用的。产品是供人使用的，它应当履行一定的功能——基本功能以及额外的心理和审美上的功能。好的设计是为了提升产品可用性，对与此目的无关甚至相悖的一切事情都不加考虑。

（3）好的设计是美观的。产品的审美品质也是实用性的一部分。日常使用的器具影响着人们的生活环境和幸福感受。然而，只有真正优秀的产品才可能是美的。

（4）好的设计是易懂的。设计应当阐明产品的结构，让产品自己表达。好的设计是不需要说明的，它能节省冗长枯燥的读操作手册的时间。

（5）好的设计是克制的。工具的设计需要满足这条准则，它们不是装饰品，也不应该是艺术品。它们的设计是中立的，并且应为使用者留有空间。

（6）好的设计是诚实的。产品不应该声明具有它本没有的特点，例如多么的创新、多么的高效、多么的有价值。它决不能影响和操纵购买者和使用者。

（7）好的设计是长期的。好的设计避免迎合时髦，也因此不会过时。与短期的时髦式设计形成鲜明对比，好的设计在当今物质丰富的消费型社会里也同样寿命长久。

（8）好的设计执着细节。不要容忍随意和偶然。设计的逻辑性和精确性最终都是对消费者尊重的表达。

（9）好的设计是环保的。设计应当为环保做出贡献。不仅要考虑实际的污染，还要考虑视觉污染和环境保护。

（10）好的设计是极简的。好的设计应集中于本质，而不在产品上添加多余的部分。设计应当回归纯粹，回归简单。

2. 世界三大设计奖

关注设计大奖是学习优秀作品、了解前沿设计风向、提高设计审美的最佳途径。在产品设计领域，有三项设计大奖最为重要，被誉为世界三大设计大奖。

（1）德国“红点奖”。红点奖是世界知名的创意设计大奖，是由德国设计协会于1955年创立的，分别设置有“红点产品设计奖”“红点传达设计奖”，以及“红点设计概念奖”

三项设计竞赛。红点奖主要对产品的创新性、功能性、耐用性等十项指标进行综合评定。

（2）德国“iF 设计奖”。iF 设计奖成立于 1953 年，由德国的汉诺威工业设计论坛每年定期举办。该奖项以“独立、严谨、可靠”的评选理念闻名于世。每年，该奖项会评选出产品设计、传达设计和包装设计三个方面的优秀作品，同时最为优秀的产品，将被授予“iF 设计金奖”。该类奖项的评审标准涵盖多项指标，如美观性、功能性、产品质量等产品角度的属性，同时也包括耐用性、安全性、人类工程学等用户角度的属性。

（3）美国“IDEA 奖”。美国 IDEA 奖成立仅有 40 余年的时间，但在业内的影响力却丝毫不亚于 iF 设计奖和红点奖。作为美国目前仅有的一个世界级产品设计大奖，IDEA 奖在评选标准上也具有强烈的美式艺术气息——创新和自由。其评选出来的优秀作品通常会成为全球设计师们的风向标，引领行业趋势。IDEA 奖评选出的获奖作品通常拥有十足的创新性，良好的环保性，较高的使用价值，并具有适当的美观性和视觉吸引力。

思考与讨论

1. 除了以上介绍的案例，你还知道哪些你认为好的产品设计？
2. 在你所知道的产品设计里，你认为影响最大的一个是哪个？
3. 请举一个生活中你认为设计不合理的例子。
4. 如何改良你提出的设计不合理的例子？

第 2 讲　UX/UI 设计美学

在计算机时代，“产品”的定义范围被拓展得更加宽泛。比如，计算机软件、手机应用、网页等虚拟的数字产品也都属于“产品”（图 3-13）。但很明显，这些数字产品与以往的实体化产品有着截然不同的逻辑，因此，传统的产品设计师在设计此类产品时，以往的经验往往并不适用。

图 3-13　计算机时代的数字产品

于是，对于数字产品的设计，传统的产品设计师目前被划分为三个角色：产品设计师、UX 设计师、UI 设计师。

一、数字产品设计

1. 产品设计师

产品设计师（图 3-14）的角色在很大程度上非常灵活，通常涉及产品的所有设计过程，主要负责产品的整体设计，同时需要保持品牌的总体体验和产品的整体愿景。虽然产品设计师的设计边界比较模糊，但简单来说，产品设计师更加侧重于挖掘用户需求以及分析市场现状与趋势，为产品设计过程中出现的问题创造解决方案，发掘产品的商业价值。

图 3-14　不同角色的设计师关注的问题不同——产品设计师

2. UX 设计师

UX 为 User Experience 的缩写，即用户体验。因此 UX 设计师（图 3-15）又被称为用户体验设计师。从根本上说，UX 设计师关注用户满意度并确保产品真正满足用户的需求。UX 设计师以用户交互为主要关注点进行设计，确保产品的可用性和易用性。UX 设计师从用户的角度看待设计，目标是使用户与产品的交互尽可能高效和简单。

3. UI 设计师

UI 为 User Interface 的缩写，即用户界面。因此 UI 设计师（图 3-16）又被称为用户界面设计师。UI 设计师主要关心产品外观，他们负责设计用户与产品交互的每个屏幕或页面，并确保用户界面以视觉的方式准确传达 UX 设计师提供的逻辑。除此之外，UI 设计师还负责设计应用于整个产品的风格和统一的视觉语言。

图 3-15 不同角色的设计师关注的问题不同——UX 设计师

图 3-16 不同角色的设计师关注的问题不同——UI 设计师

4. 数字产品设计原则

产品设计师负责设计产品的商业价值；UX 设计师负责设计产品的交互性；UI 设计师负责设计产品的美观度。最好的情况下，各个角色的设计师各司其职，完成自己负责的设计内容，最终成就一款优秀的产品。可惜的是，现实并不会那么美好。有时候各个角色之间的设计内容会相互冲突，例如，当产品的美观度影响了产品的交互性时，如何取舍？如果简单地认为商业价值 > 交互性 > 美观度，也许能设计出一款合格的产品，但它大概率并不是一个优秀的产品。

优秀的产品应当以产品和用户为核心，如图 3-17 所示。站在用户的角度，围绕产品，平衡三者之间的关系，找到合适的解决方案，这样才能确保设计出的产品在合格线之上。

图 3-17 数字产品设计原则

二、UX 设计

1. 什么是用户体验（UX）

实际上，做 UX 设计时，并不是为用户创造用户体验。用户体验是天然存在的，它反映的是用户在使用产品过程中产生的交互体验。即使没有做任何 UX 设计，用户体验也是存在的，但是，用户体验有好有坏。所以，设计师实际上是通过 UX 设计为用户创造更好的体验。请观察图 3-18 并分析哪种弹窗方案带来的用户体验更好。

图 3-18 用户体验分析

有一个经典的例子是诺曼门，它由美国心理学家唐纳德·诺曼提出，指的是那些不知道是推还是拉才能打开的门。比如一扇门本应是“推”才能打开，但是却提供了一个把手，这种把手无疑在暗示用户“拉”，这种矛盾的设计，通常会误导使用者，即使在门上标注了“推”和“拉”的字样，但大多数时候，用户是不会去看字的，此类门的设计如图 3-19 所示。

图 3-19　门的两面都是相同的设计

其实我们只需要对以上设计做简单的改动，比如把需要“推”的一面的把手去掉，简单地提供一个金属板，那么用户自然会第一时间想到“推”，而在另一面保留把手，那么用户也自然知道应该去“拉”，甚至都不需要在门上标注文字，只是使用这种细微的设计，就可以影响用户的使用，提高用户的体验。合理的“推”门如图 3-20 所示。

图 3-20　合理的“推”门

2. “看不见”的设计

UX 设计在表现上并不那么明显，很多时候也许只是一些细节的修改。用户可能在使用过程中根本感知不到的设计师的精心设计。但不要灰心，因为这些设计确实在看不到的地方有效提升了用户的体验。

例如大约有 50% 的人喜欢单手操作手机。那么在这种操作模式下，使用者可能会握持手机的下方或是居中的位置，从而导致手指可操控的范围差异化，部分区域在单手握持的状态下很难触碰到，如图 3-21 所示。因此，在设计时，将一些常用的操作放置在便于用户操作的位置，无疑可以提升用户的操作体验。

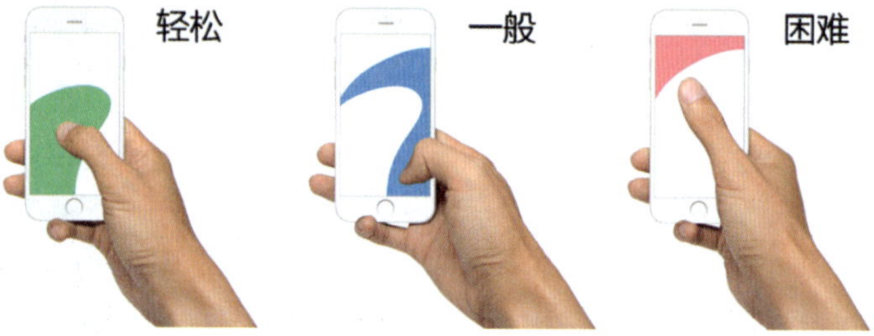

图 3-21　单手握持状态下的操作区域划分

不幸的是，即使设计师做出了如此出色的设计，用户也常常感知不到。但是，如果用户在使用产品的过程中，没有感知到任何交互方面的问题，恰恰说明设计是有效的，因为用户通常只会对糟糕的交互体验有所感知。UX 设计的最终目的，就是为用户提供“丝滑”的交互体验。

3. 糟糕的 UX 设计

好的 UX 设计可能会因为每个人的操作习惯不同而有不同的标准，但差的 UX 设计一定是毫无争议的，它能够轻易地被每个用户感知到。糟糕的 UX 设计不仅会降低用户体验，甚至有的时候还会引起严重的后果。

以医疗领域为例，某医院拥有一个医疗管理系统，珍妮是该医院的一位癌症患者，她已经与疾病斗争了很长时间，为了治疗，她不得不使用一些化疗药物。这些药物的副作用非常强，因此，在用药前后需要进行三天的静脉输液。护士负责将所有必需的数据输入医疗系统软件，并使用该软件跟踪她的状态。尽管护士们都很认真负责地照料病人，但是由于该软件糟糕的 UX 设计，导致护士们在录入数据时，漏掉了需要静脉输液的关键信息，最终导致珍妮死于该化疗药物的副作用。

类似的例子有很多，对于普通的产品，糟糕的 UX 设计最多只是让用户的体验变差，但如果产品涉及一些关键领域，那么带来的后果是不可预估的。因此，当进行 UX 设计，尤其是针对特殊领域时，一定要重视各个环节和细节的设计，要做到所有的设计是帮助人们提升办事效率或者简化流程的，而不是增加人们在习惯和使用流程等方面的负担。

4. UX 设计的三大要素

影响用户体验的因素有很多，比如排版、布局、操作逻辑、用户习惯、用户心理等，但总的来说，可以把这些因素归纳为三大要素。

（1）实用性。在不考虑商业目的的情况下，要明确设计是否对用户有用。设计应当以人为本，在功能完整的情况下，尽量避免一些对用户无用的设计。但通常的情况是，设计师不得不为了一些商业目的，在产品中添加一些对用户无用但却具有商业价值的内容，例如广告。但不管出于怎样的目的，也必须要把握尺度，过多的无用设计会使用户反感，导致产品的竞争力急剧下降。

例如，在图 3-22 中，在去除掉一些无用的设计后，整个界面会更加简洁、实用。

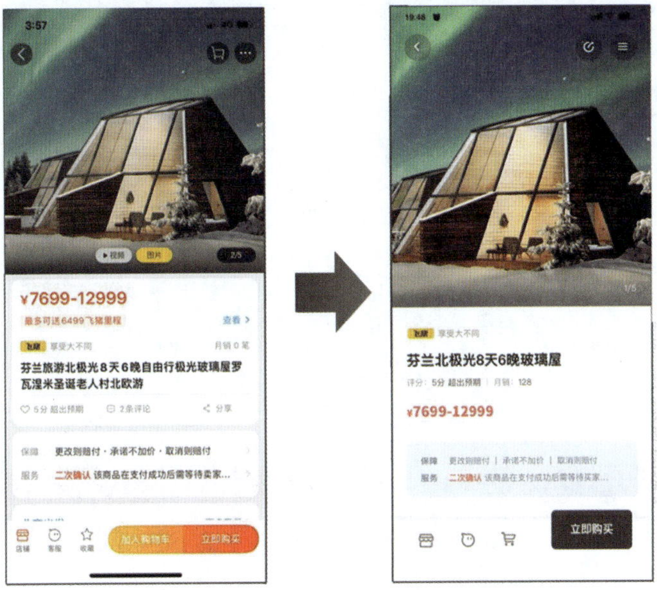

图 3-22　某旅游 App 的优化设计

（2）易用性。在满足了实用性之后，还需要提高产品的易用性。易用性指的是产品对用户来说意味着易于用户学习和使用，不要让用户去思考或猜测如何使用此产品，让产品的设计能够符合使用者的习惯与需求。

例如，在图 3-23 中，界面内每一个元素都是有用的，但是这些元素被简单地放在了一个页面，并没有对其进行优化设计，这在无形中增加了用户的使用成本。

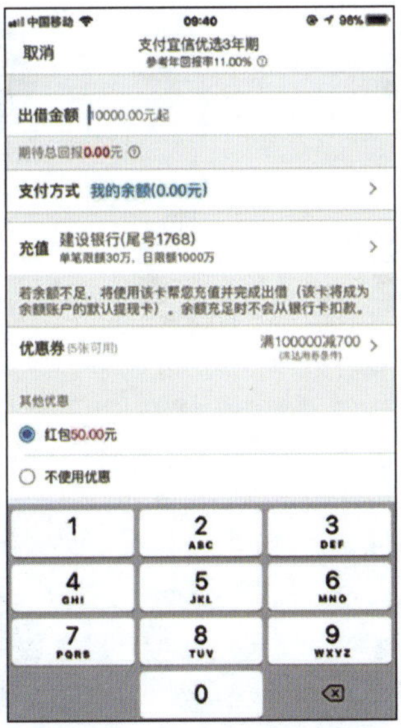

图 3-23　某银行 App 界面

单独看以上的例子可能并不会觉得有什么问题，但让我们来看看优化后的例子（图3-24），是不是变得更加“易用”了呢？

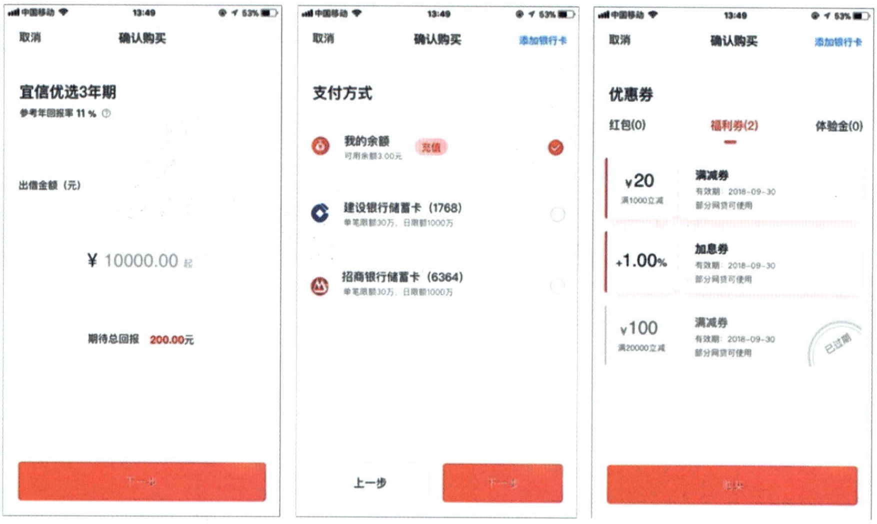

图 3-24 优化后的某银行 App 界面

（3）用户满意度。我们可以认为用户满意度是锦上添花的元素，这些元素可能并不会真正带来操作上的便利性，但是会给用户提供更好的体验，比如心理上的满足。在 UX 设计中有很多的设计都是基于此要素，从用户的心理方面考虑，使用户不会在使用过程中感到焦虑、烦躁。比如我们通常会在加载过程中提供一个加载状态的提示，这种提示并不会使加载过程缩短，但是它会使得用户更加具有耐心。各种加载状态图标如图 3-25 所示。

图 3-25 各种加载状态图标

5. UX 设计无处不在

实际上，UX 设计无处不在，它可能是删除前的一个确认提示框，可能是一个按钮位置的细微调整，也可能是搜索时的热搜词提示。总之，UX 设计在许多不起眼的地方影响着用户的体验。

三、UI 设计

1. 什么是 UI 设计

UI 是指用户与界面（机器）间的交互，界面通常就是手机、计算机等电子设备的操作界面，不同的用户、不同的界面会产生不同的 UI 设计，目前常见的 UI 设计有 PC 端、移动端、游戏 UI 等。

2. UI 设计与 UX 设计的区别

UI 设计在设计过程中，更加侧重于产品的外观和风格。通常，会由 UX 设计师设计出初步的线框图，然后 UI 设计师在此基础上进行视觉设计，使其更实用、美观，并针对不同屏幕尺寸进行优化，UX 设计到 UI 设计的变化如图 3-26 所示。因此，UI 更侧重于视觉界面元素，例如排版、颜色、菜单栏等，如图 3-27 所示，而 UX 设计侧重于用户及产品体验。

图 3-26 UX 设计到 UI 设计的变化

虽然 UI 设计与 UX 设计侧重的领域不同，但实际上，两者的内容在许多时候是重叠的。例如界面的排版、颜色等 UI 设计的内容，有时候也影响着用户体验，同样属于 UX 设计。值得一提的是，许多时候，UI 与 UX 设计实际上是由同一人完成的。

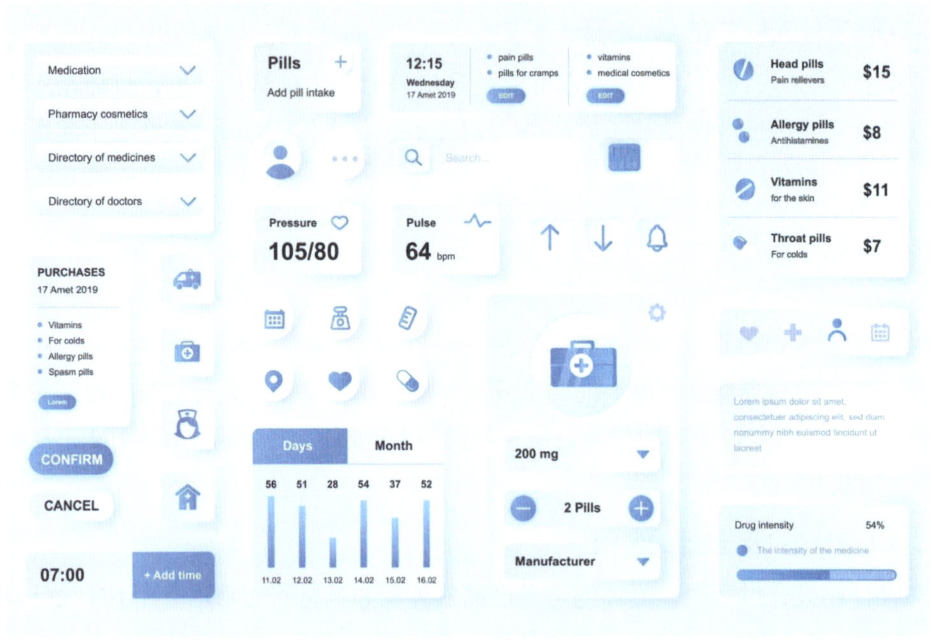

图 3-27 UI 设计元素

3. 主流设计风格发展趋势

互联网技术的发展日新月异，随着现代社会人们对各个系统应用和操作系统的了解，UI 设计的风格也需要随着人们的生活和审美方式的改变而不断发展。如由一个原始简洁的文本界面逐渐发展成为精雕细琢的图形界面，或由一个繁杂难操作的界面逐渐简化成为一个更简洁易操作的界面，还会在简洁的基础上再继续进行交互设计以增加用户体验。总而言之，UI 设计的视觉设计风格应该是多元化的，而流行趋势也会随着用户审美的改变而有所改变。一个好的 UI 设计应该是连续的，紧跟流行趋势来匹配用户审美的变化。苹果 iOS 风格演变史如图 3-28 所示。

图 3-28 苹果 iOS 风格演变史

UI设计的风格是多样化的，由于个体的审美差异，不同的风格也各自有各自的受众。当我们回溯近30年UI设计风格的流行趋势时，可以发现曾经占据主流的设计风格经历了如下发展阶段。

（1）2000年以前。此时处于互联网的早期阶段，各种网页、软件都处于一个新生儿的状态。对于设计者而言，这个阶段的首要设计任务是将界面设计得合理化，使菜单、按钮、链接等元素看起来“可点击”来引导用户使用。而用户，也处于一个学习如何操作的阶段，并不会追求界面是否美观。不管是对于设计者还是使用者，这都是一个全新的领域，因此如何使用是第一设计目的，而美观在此阶段还不属于设计者需要考虑的范围。

（2）2000—2002年。这个阶段，设计者们开始注意视觉效果的设计，并尝试设计不同的背景色、字体等元素来吸引用户。但此时受硬件限制，显示器对色彩的还原并不理想，因此大多数网站选择使用色彩较为简单的卡通风格。

（3）2003—2005年。在此阶段，一些如Facebook的社交网络平台开始出现。设计者们开始注意内容的可读性和网站导航的便利性，并且开始尝试在网页中加入Flash动画和视频等动态元素。但此时对视觉风格、色彩搭配、字体组合等设计元素仍然不够重视。

（4）2006—2009年（Web 2.0时代）。此时互联网进入Web 2.0时代，互联网的产品模式从网站拥有者主导转变为用户主导，设计者开始需要设计出美观的网页来吸引用户。苹果公司于2007年推出的第一代iPhone手机，其新潮的UI设计改变了当时整个市场的风格趋势。此阶段设计的主要特征包括对比色、渐变色、有光泽的图标和插图、圆角的按钮、对角线图案等。

（5）2010年至今。2010年开始，UI设计进入新阶段，其主要设计风格如下。

1）拟物化风格。2010年，苹果公司推出iPhone4，对其UI风格进一步进行修改，形成了成熟的拟物化风格。此时市场的风格趋势变为拟物化设计，并在2012年左右达到巅峰。

拟物化是指将现实物体的视觉特征融入数字设计。从阴影、纹理、光照到动画，都尽量去还原真实物体的感觉，通过模拟现实物品外观，给用户带来熟悉的体验，降低用户的学习成本，从而增强了界面的亲和度，用户可以依据对现实中物品的直觉去理解获取虚拟图标所要表达的信息。

2）扁平化。随着拟物化风格被广泛使用，其缺点也暴露出来。复杂的阴影渐变等特效的滥用影响了用户获取信息的效率，降低了用户的使用体验，同时也容易产生审美疲劳，于是微软公司推出Metro设计语言，尝试扁平化。

但微软Metro的扁平化设计过于简洁，传达的感情过于冰冷，所以并没有在市场引起反响。直到2013年，苹果公司在iOS7系统中将UI风格由拟物化全面变更为扁平化设计，自此，扁平化设计风格开始流行。拟物化与扁平化风格的图标对比如图3-29所示。

扁平化风格关注于设计的核心目的——传达信息，使用抽象化、极简化、符号化的设计元素，摒弃拟物化设计中的阴影、纹理、浮雕等多余的特效，使得界面更加简约，条理更加的清晰。扁平化风格UI设计如图3-30所示。

图 3-29　拟物化（左）和扁平化（右）风格对比

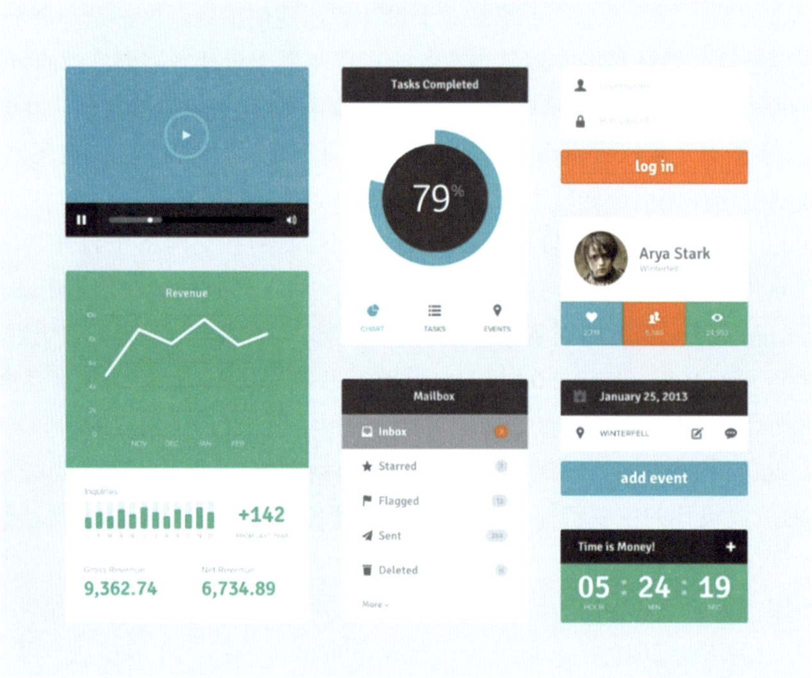

图 3-30　扁平化风格 UI 设计

3）材料设计风格。2014 年，谷歌推出了名为 Material Design 的风格指南，即材料设计风格。其设计风格在扁平化的基础之上，结合拟物化的观点，为界面增加材质感，模拟“电子纸张”的感觉。

材料设计风格使用阴影的深度来表达层级，并且可以达到多个层级，如图 3-31 所示；通过增加 Z 轴的概念，让场景立体化，增加信息纵深，如图 3-32 所示；提供触摸 / 点击时的波纹动画，模拟电子纸张质感。材料设计风格元素组件如图 3-33 所示。

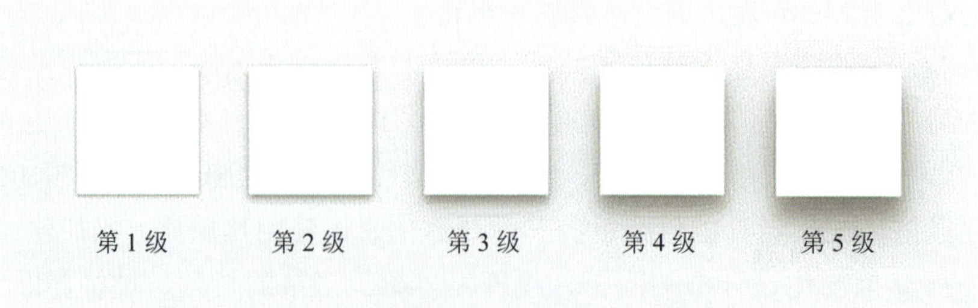

图 3-31　材料设计风格阴影表达层级

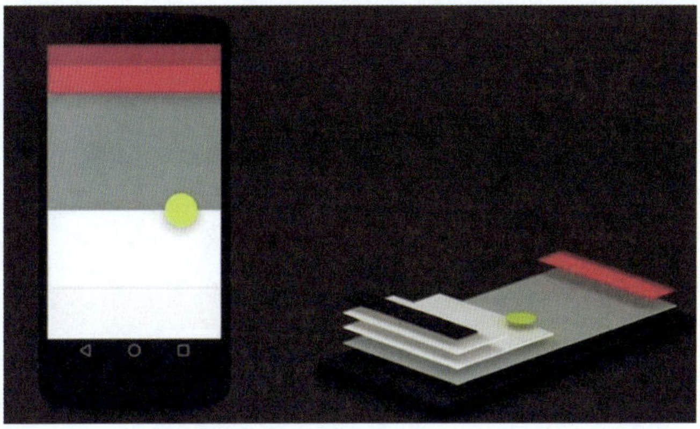

图 3-32　材料设计风格 Z 轴体现纵深

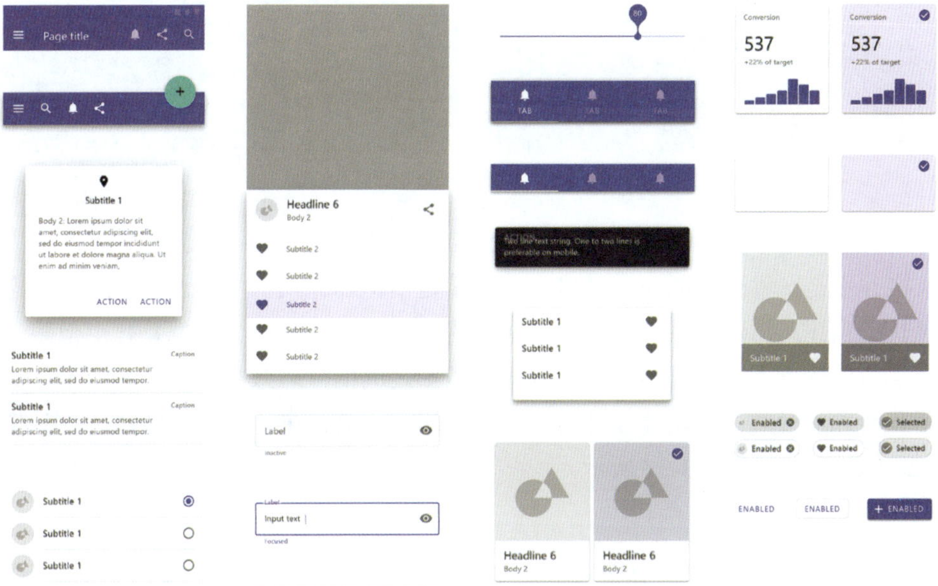

图 3-33　材料设计风格元素组件

4）半扁平风格。2017 年左右，受材料设计风格影响，设计趋势开始从平面转向立体。这种转变主要来自对光和影的运用，也就是“半扁平化设计”，又被称为“扁平化 2.0”。半扁平风格采用更加平滑的阴影来适当增加空间纵深和界面复杂性，使用渐变色替代单色降低用户的视觉疲劳。半扁平化设计在添加了视觉趣味的同时，也保留了扁平化的视觉风格。半扁平也是目前最为流行的风格趋势。扁平化和半扁平风格的图标对比如图 3-34 所示。

5）动效设计。近几年，由于技术的迅速提升，设计师们得以放开手脚，不再满足于静态元素的呈现，开始追求动效设计，为用户提供动态的沉浸式体验。合理的动效能将更立体、更富有关联性的信息传递出去，提高产品的表达能力，增加亲和力和趣味性，也利于品牌的建立。例如加载条的动效设计如图 3-35 所示。

图 3-34　扁平化（左）和半扁平（右）对比

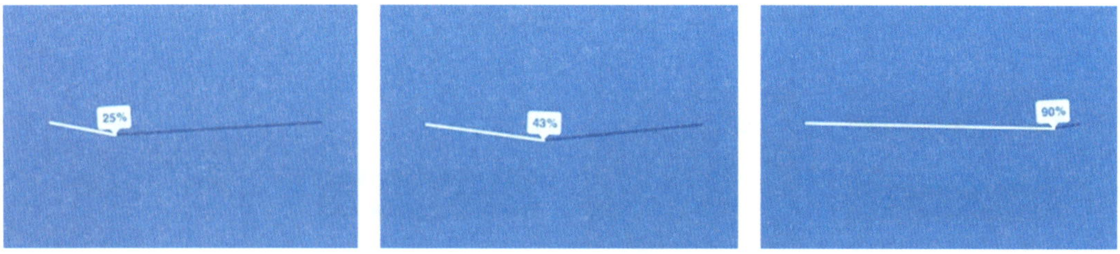

图 3-35　加载条的动效设计

6）新拟态风格。2020 年，全世界开始流行一种设计风格——新拟态。严格来说新拟态风格并不是一种全新的设计风格，它其实是由拟物化风格演变而来的。新拟态风格同时兼具拟物化风格的仿真特点和扁平化风格的简洁特点。虽说是拟物化，但整个设计风格有了新的侧重点。通过模拟介于扁平与投影之间的浮雕效果，来凸显对象，其柔和的阴影和新颖的外观，让整体设计看起来更加逼真、充满未来感、有吸引力。新拟态风格 UI 设计如图 3-36 和图 3-37 所示。

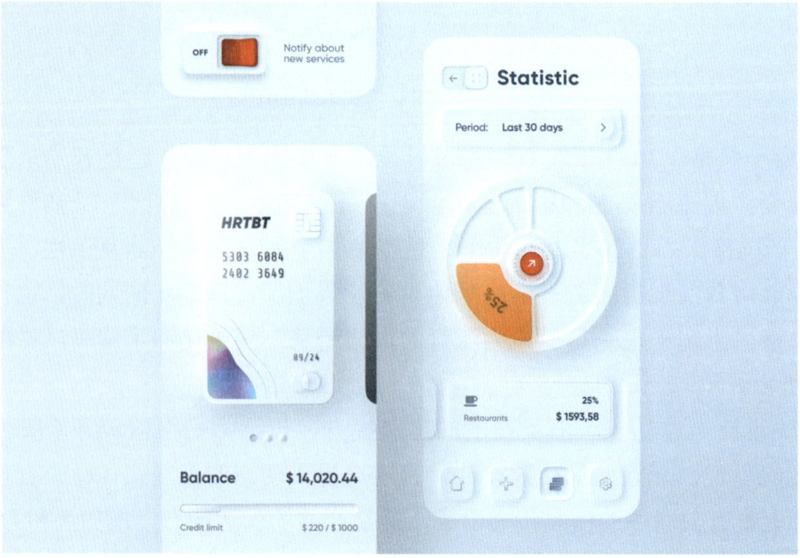

图 3-36　新拟态风格 UI 设计 -1

图 3-37 新拟态风格 UI 设计 -2

4. 其他设计风格

除了以上介绍的曾经作为市场主流的设计风格外，还有一些其他常见的设计风格也值得了解。例如极简风格、玻璃拟态风格、微软最新的流畅设计风格、深色模式等。

四、灵感来源

灵感与创意并非在一朝一夕间就能自己产生，它需要设计者在不断学习与欣赏优秀作品的同时，增加自己脑储存量，不断潜移默化地提高自己的审美。下面介绍几个 UX/UI 设计师常用的获取灵感的网站。

1. Dribbble（dribbble.com）

全球最大的设计师用来展示作品、同行交流、寻找灵感的平台。在 Dribbble，可以了解到全球最新的设计流行趋势以及发现大量的优秀作品。Dribbble 网站如图 3-38 所示。

2. Awwwards（www.awwwards.com）

Awwwards 是一个专门为设计精美的网站以及为富有创意的网站颁奖的网站。Awwwards 上的获奖网站来自全世界优秀的网页设计师之手，可以在上面找到大量的最前沿的设计作品。Awwwards 网站如图 3-39 所示。

3. UI 中国（www.ui.cn）

中国最专业的 UI 设计交流平台，一个兼 UI 作品分享及在线学习的平台。该网站的内容比较全面，适合初学者找素材、分享作品、参加比赛和在线学习。UI 中国网站如图 3-40 所示。

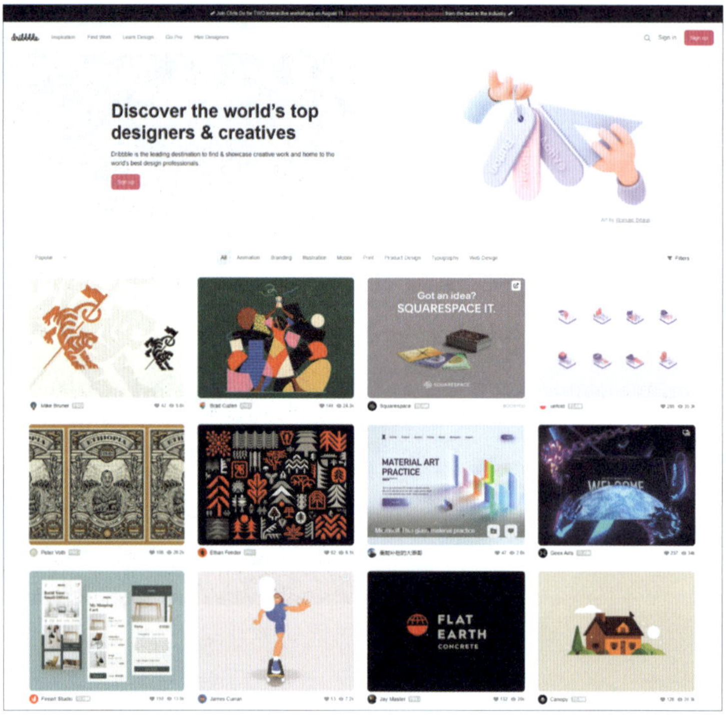

图 3-38　Dribbble 网站

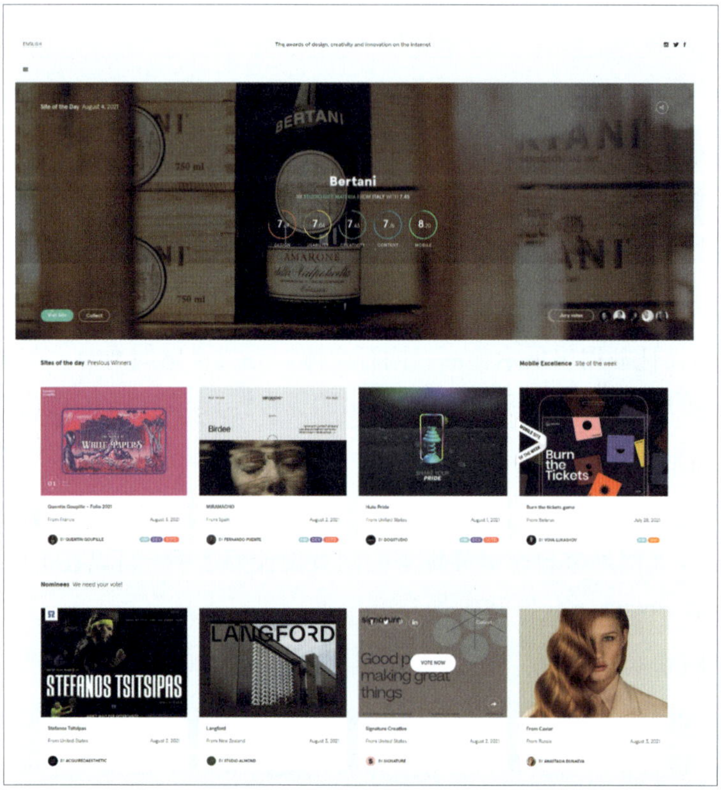

图 3-39　Awwwards 网站

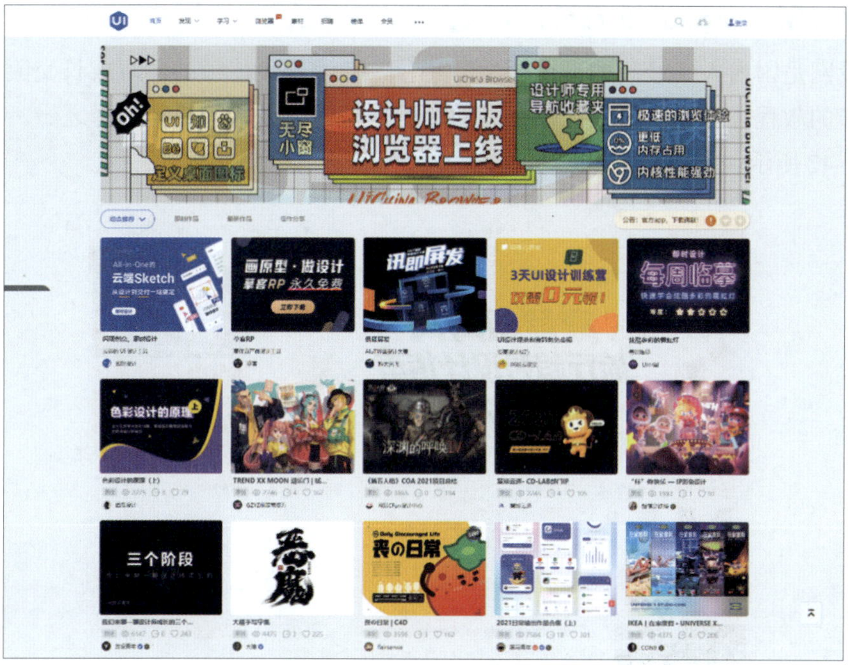

图 3-40 UI 中国网站

4. 花瓣网（huaban.com）

花瓣网是国内著名的设计灵感集中站，提供了大量可供参考的灵感创意，同时还能在这里找到大量的设计素材，是国内设计师最常用的网站之一。花瓣网网站如图3-41所示。

图 3-41 花瓣网网站

5. 优设网（www.uisdc.com）

优设网是国内人气最高的设计师学习平台，专注于设计师的学习成长交流，网站中有非常多的教程，以及其他设计师分享的经验，是学习设计的最佳选择之一。优设网网站如图 3-42 所示。

图 3-42　优设网网站

思考与讨论

1. 你用过的产品有哪些优秀的 UX 设计？它们的设计好在哪里？
2. 你是否曾经有过糟糕的用户体验？应该如何优化？
3. 请对现在市场上主流 App 的 UI 风格进行分析。
4. 你有没有遇到过外观华丽但并不实用的 App ？

第 3 讲　视觉传达设计美学

视觉传达设计是指设计师根据特定的设计意义和目的，通过对想要传达的信息进行分析、归纳来进行整体设计创作。通过运用文字、图形、颜色、排版等各种基本因素将信息可视化地直接传达给广大受众。

在我们的日常生活中，视觉传达设计（图 3-43）的应用涉及范围非常广泛，如电视、影视、建筑物、造型美学艺术以及各种商业产品设计等领域中，通常存在大量的视觉传达设计。

图 3-43 视觉传达设计

视觉传达有很多优点，这就是为什么视觉传达是人类最早使用的交流方式（自史前时代以来），目前仍然是最有效的信息共享形式之一。视觉传达的优点如下。

- 比文字更加生动形象，能更直接地传递信息。
- 能够跨越文化或语言等差异，表达更加灵活。
- 图像更加引人注目。
- 可以通过设计影响观众的情绪或思想。
- 可以提高信息的可信度。

与艺术设计的目的不同，在数字产品中，设计的目的是更加高效、准确地传递产品或品牌的信息，因此，视觉传达设计可以帮助我们更好地达成此目的。接下来介绍视觉传达设计中的三个主要因素：色彩、排版、字体。

一、色彩

色彩是视觉传达设计中的一个最基础的部分。用户在看到一个产品的时候，首先观察到的就是色彩，因此色彩会影响产品给用户的第一印象。同时，色彩可以极大地影响用户的心情、感觉和情绪，在无形中甚至能左右用户的行为。在图 3-44 中可以看出，图面内容一致的情况下，不同配色表现出的情绪不同。在设计中，把这种不同颜色产生的不同影响称为“色彩心理学”。

图 3-44　不同配色表现出的情绪不同

合理地运用色彩，了解不同颜色的个性和心理影响至关重要，它可以成为设计师的有效工具，帮助设计师更好地完成设计。在使用色彩心理学时，需要考虑以下几点。

- 确保设计和颜色传达正确的信息。
- 了解目标受众，颜色偏好和含义取决于许多因素，包括年龄、性别和文化。
- 某些颜色在不同设备的屏幕上看起来可能不同。
- 尝试以明智的方式制作颜色组合，以最好的方式让用户感知。

接下来让我们看看常见的一些颜色和它们所代表的个性。

1. 红色

红色象征热情、能量、危险，其具体内涵和作用如下。

- 代表能量、战争、危险、力量、权力、决心以及激情、欲望和爱等。
- 增强人体新陈代谢，增加呼吸频率，并提高血压。
- 它比任何其他颜色都更能引起人们的注意，有时象征着危险。
- 在中国，红色还代表财富、好运等。

红色是吸引用户注意的有效方法，可以用来表现强大的功能。但是对红色的使用应特别小心，因为红色一旦使用不当会造成严重的负面效应。

2. 绿色

绿色象征自然、平衡、和谐，其具体内涵和作用如下。

- 代表自然的颜色。它象征着成长、和谐、新鲜和生命。
- 通常被认为对身心有益。

- 减缓人体新陈代谢并产生镇静作用。
- 与安宁和平静密切相关。
- 用来象征虔诚和真诚。

绿色比大多数其他颜色具有更多的正能量，非常适合与大自然有关的产品，绿色还可以提高阅读能力。

3. 蓝色

蓝色代表平静、信任、悲伤，其具体内涵和作用如下。

- 可以镇静、减少紧张和恐惧、减慢脉搏和减少食欲。
- 与诚信、信任和可靠相关。
- 是理想主义的、真诚的颜色。
- 可带给人忧郁、悲伤的感觉。

因为蓝色代表忠诚和正直，所以在商业中，许多公司都偏爱蓝色，它能给用户来带可靠的感觉。但是，蓝色也与悲伤相关，在使用时要注意平衡。

4. 黄色

黄色象征智力、欢乐、灵感，其具体内涵和作用如下。

- 与喜悦、幸福、智力和能量有关。
- 产生暖化效果，引起愉悦，刺激精神活动，并产生肌肉能量。
- 明亮的纯黄色引人注目。
- 当过度使用时，黄色可能会产生令人不安的效果。
- 黄色代表荣誉和忠诚。

黄色是最容易被看到的颜色，可以传递灵感和信心，但过多地使用黄色可能会带来负面效果，比如令用户产生恐惧、焦虑、疲劳等情绪。

5. 橙色

橙色象征活力、温暖、兴奋，其具体内涵和作用如下。

- 橙色结合了红色的能量和黄色的快乐。
- 与欢乐、阳光和热带有关。
- 代表热情、迷恋、幸福、创造力、决心、吸引力、成功、鼓励和刺激。

橙色相对红色来说更加友善，标志着外向，能够让人们放开束缚，更自由地表达自己，通常用来表现创造力和冒险精神。

6. 紫色

紫色象征神秘、智慧、魅力，其具体内涵和作用如下。

- 紫色结合了蓝色的稳定性和红色的能量。
- 与皇室有关。它象征着权力、贵族、奢华和野心。
- 可传递富有和奢侈的感觉。

- 与智慧、尊严、独立、创造力、神秘和魔法有关。

紫色极富创意，可以用来表达创造力、想象力。

7. 粉色

粉色象征浪漫、幸福、温柔，其具体内涵和作用如下。

- 这是一种代表温柔型爱情的颜色。
- 粉色代表温柔、脆弱和青春。
- 它是一种平静、无威胁的颜色。
- 粉色也代表了传统女性气质的积极方面，如有教养和善良。
- 粉色可以与童年的甜蜜和纯真联系在一起，但有时会显得天真或愚蠢。

粉色通常与年轻女性的气息相关，它俏皮幽默，用来传达轻松愉快的情绪。

8. 棕色

棕色象征舒适、时尚、孤独，其具体内涵和作用如下。

- 与可靠性和弹性的特征相关联。
- 棕色系的人通常都很内向，不想引起别人的注意。
- 棕色经常被应用于奢侈品中，因此也常与时尚相关。
- 浅棕色代表诚实和稳定，而深棕色则被认为成熟、可预测或沉闷。

棕色的层次感很强，通常用于时尚相关的设计中。

9. 黑色

黑色象征严肃、传统、现代，其具体内涵和作用如下。

- 与权力、优雅、形式、死亡、邪恶和神秘有关。
- 一种与恐惧和未知相关的神秘颜色。
- 通常带有负面含义。
- 表示力量和权威 。
- 是悲伤的象征。

黑色与任何颜色都能很好地搭配，通常可以使用黑色进行增强对比。

10. 白色

白色象征纯洁、干净和谦逊，其具体内涵和作用如下。

- 与光明、善良、纯真、纯洁和童贞有关。
- 被认为是完美的颜色。
- 象征着安全、纯洁和清洁。
- 通常有积极的含义。
- 可以代表一个成功的开始。
- 描绘信仰和纯洁。

在设计中，白色通常用作背景颜色，特别是对于可读性是重要部分的资源。

二、排版

除了给用户带来第一印象的色彩之外，排版也是视觉传达设计中一个非常重要的部分。在数字产品的设计中，最重要的任务便是将信息传达给用户，其中对信息的传达影响最为重大的因素便是排版。凌乱的排版会让用户抓不住重点信息，失去阅读的耐心，最终使信息传达不到位。优秀的排版能够营造画面的秩序感，突出重点信息，提升信息传达的通畅性。从图 3-45 可以看出，内容相同的情况下，不同的排版传达信息的效率不同。

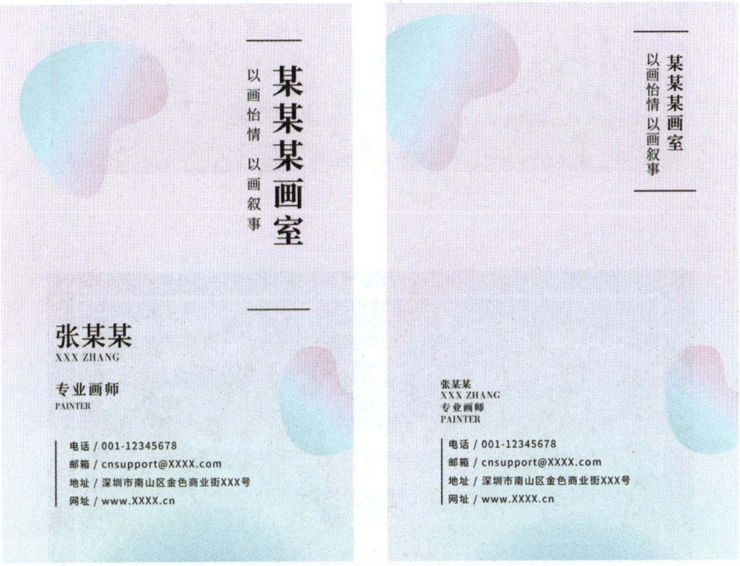

图 3-45　不同的排版传达信息的效率不同

1. 什么是排版

排版是通过文字、图片等元素在版面的调整，使版面布局条理化的过程。排版的目的是既要正确传达信息，又要以合乎逻辑、连贯的方式呈现信息，使重要元素脱颖而出，让人们更容易地去阅读、接受这些提供给他们的资讯。

2. 视觉动线

当用户打开一个 App 时，通常界面内会有很多内容和信息，这个时候，用户第一眼会注意到哪些信息？值得注意的是，用户在浏览界面时，并不会像读书一样去逐字阅读，而是“扫描”，当眼睛“扫描”到某些感兴趣的内容时，用户才会停下来阅读。在用户使用产品的过程中，他们的这种视觉浏览路径被称为“视觉动线”。

作为设计师，实际上可以通过排版设计去控制用户的视觉落点，从而影响用户的视觉动线。优秀排版设计案例如图 3-46 所示。

例如，相比于图 3-47，图 3-48 中的排版通过简单地放大需要强调的主题元素，可以快速地使用户注意到标志性内容。同时再配合对齐等布局方式，可以更加清晰地为用户梳理阅读顺序，让用户在阅读时，对内容的重要性、优先性有所了解。

图 3-46　日本排版设计

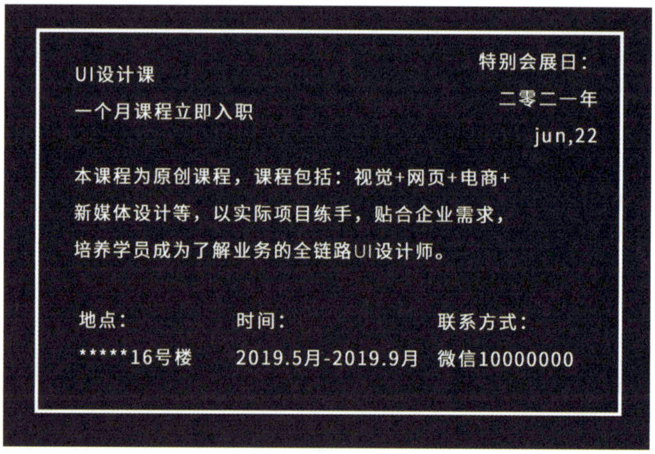

图 3-47　未经设计的排版

图 3-48　设计后的排版

在设计排版时，要时刻谨记控制用户的视觉动线，更有效地传达信息，这才是排版设计的目的。许多杂乱无章的排版，就是因为在设计时没有考虑到用户的视觉动线，从而丧失了主动性。

3. 排版原则

要控制用户的视觉动线，我们可以使用四大排版原则：对齐、对比、重复、亲密。

（1）对齐。随意摆放的图片和文字，通常会使人感觉界面凌乱，从而丢失用户的视觉动线（图3-49）。对齐原则是指任何元素都应该与页面内的某个其他元素有空间上的联系，而不是随意摆放。对齐原则就好像用一条无形的线把页面内的多个元素连接起来（图3-50）。

图3-49　未对齐的内容

图3-50　对齐后的内容

对齐方式可分为左对齐、右对齐、居中对齐、两端对齐。

- 左对齐符合用户最熟悉的阅读习惯，更利于阅读，如图 3-51 所示。

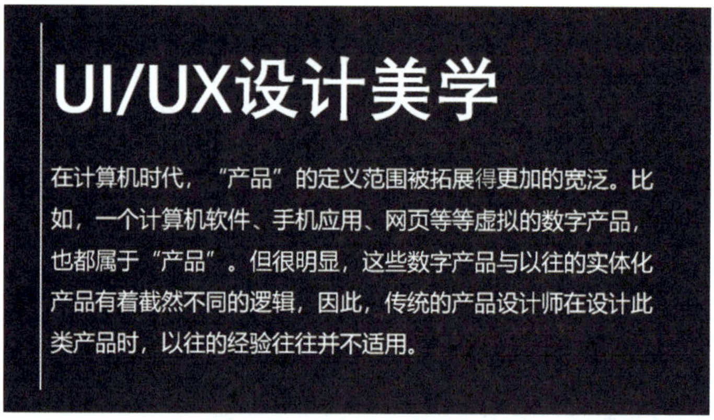

图 3-51　左对齐

- 右对齐拥有更强的形式感，但阅读性稍差，如图 3-52 所示。

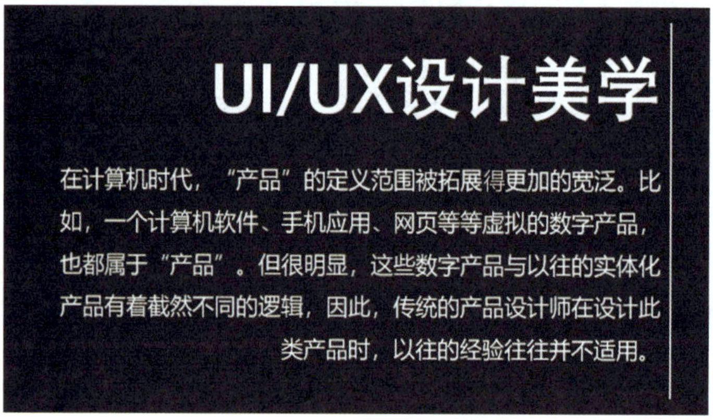

图 3-52　右对齐

- 居中对齐是最稳定和最安全的对齐方式，如图 3-53 所示。

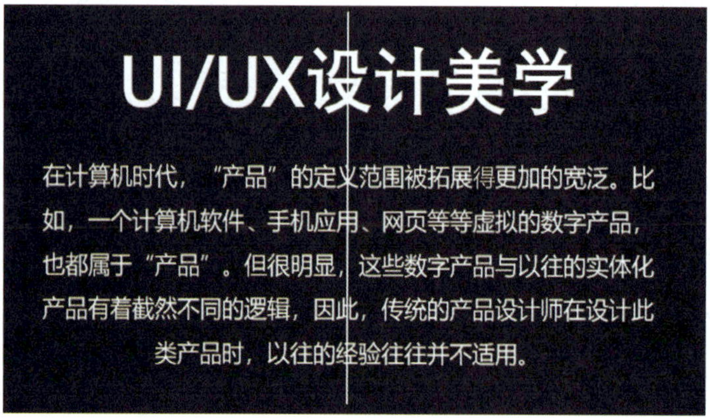

图 3-53　居中对齐

- 两端对齐画面会更加规整，适合与其他元素匹配，如图 3-54 所示。

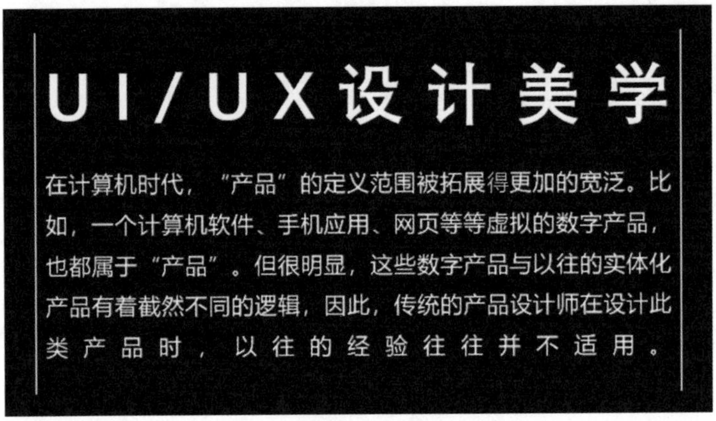

图 3-54　两端对齐

对形状的对齐需要格外注意。观察图 3-55 中的 4 个图形，你是否会觉得圆形和菱形相对较小？是否是因为它们没有对齐？

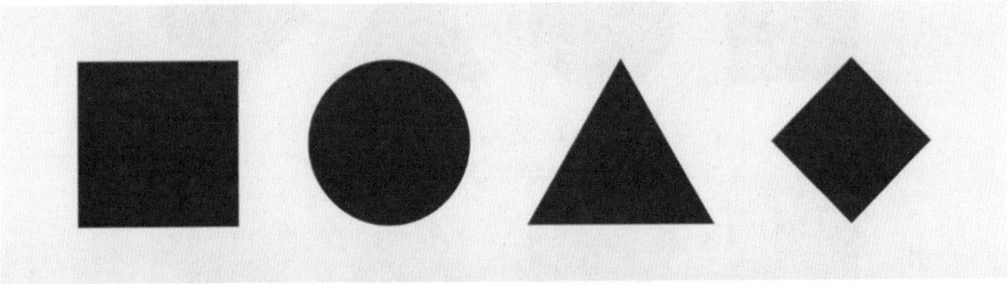

图 3-55　不同形状的对齐

通过添加辅助线（图 3-56）我们可以发现，它们确实对齐了，那为什么看上去会觉得它们大小不一呢？

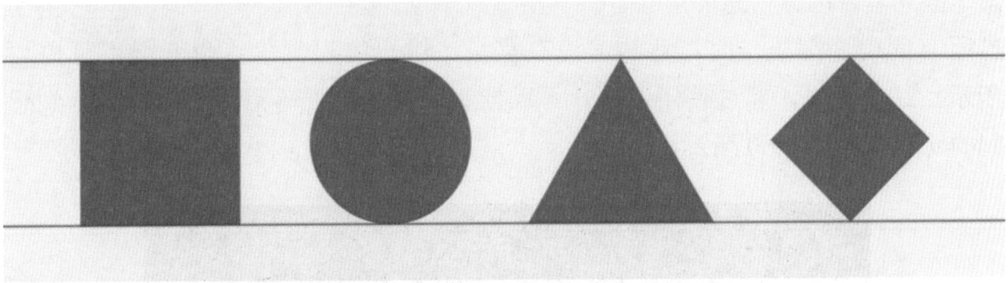

图 3-56　不同形状的对齐（辅助线）

在对齐不同的形状时，需要注意区分物理对齐和视觉对齐，如图 3-57 所示。有时候，即使某些元素在物理上已经对齐了，但我们的眼睛看上去却并没有对齐，这种情况下，就要进行调整，以达到视觉对齐的效果。对上面的形状对齐例子进行视觉对齐调整，如图 3-58 所示。

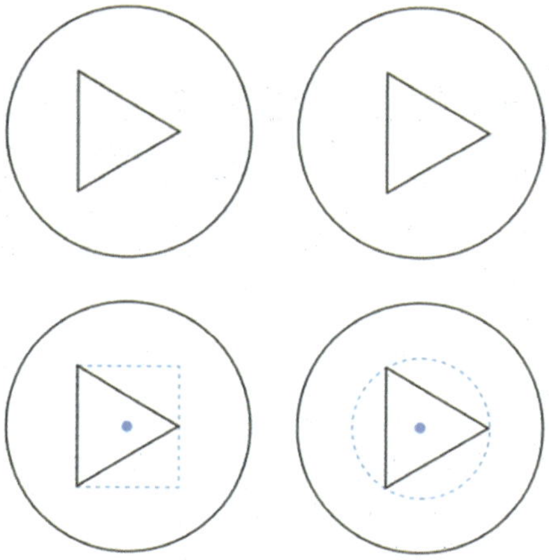

图 3-57　物理对齐（左）和视觉对齐（右）

图 3-58　调整后的视觉对齐

（2）对比。对比是排版时用来控制用户视觉落点最有效的手段之一。通过对比，可以突出一些元素，区分信息的层级。

当所有的信息都统一时，意味着没有重点，用户的视觉落点也变得不可控，如图 3-59 所示。这个时候，通过使用对比，可以控制用户的视觉落点，让用户注意到想让他注意到的元素，如图 3-60 所示。

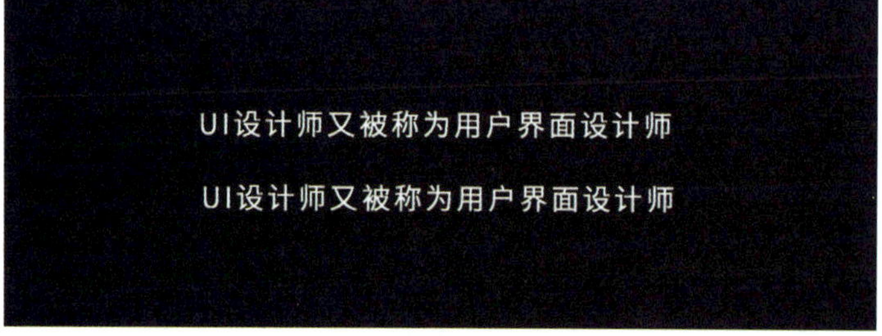

图 3-59　统一的设计没有重点

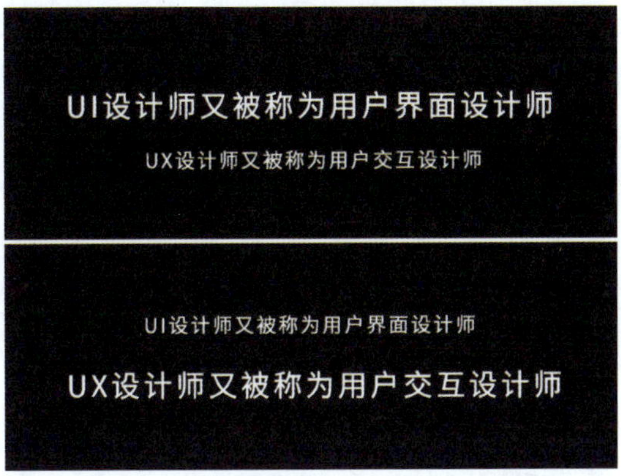

图 3-60 通过对比，控制用户的视线

（3）重复。如果画面内的元素过于繁多，且格式不统一，就会导致画面的不平衡，如图 3-61 所示。适当地使用重复性原则，可以使得画面观感更加连续（图 3-62），甚至增加画面的空间感（图 3-63）。重复原则不是复制粘贴，它代表的是页面的统一性，是通过对字体、形状、颜色等元素的重复利用使页面达到统一效果。重复应当遵循某种设定好的规律，而不是随意滥用。利用好重复，可以增加页面的条理性和整体性，从而影响用户的视觉动线，但是需要注意，过多地使用重复，会使用户视觉疲劳。

图 3-61 格式不统一，会导致画面的不平衡

图 3-62 重复使用元素使得画面更加连续

图 3-63 正确使用重复可以增加画面的空间感

（4）亲密。亲密是指让相关的部分紧密联系在一起，安排好它们之间的间距与主次，将有关系的部分元素看作一个组，而不是一个个零散的个体。通过这样的方式，可以给用户提供明确的提示，使用户快速掌握页面的内容分布。

亲密通过元素间的距离远近，来体现元素间的亲疏关系，让相关的元素靠近，无关的元素远离，使画面的内容分布一目了然，梳理用户的视觉动线。由图 3-64 和图 3-65 可以看出，在亲密调整前，排版中内容零散，不利于阅读提取信息，亲密调整后，相关的元素靠近，形成分组，方便用户提取信息。

图 3-64　亲密调整前的排版

图 3-65　亲密调整后的排版

三、字体

文字是设计的产品中占比最多的元素，几乎无处不在，但字体却是最容易被忽略的设计内容。值得注意的是字体设计也是设计中一个非常重要的环节，好的字体设计可以提升画面质感，并且跟色彩一样，字体本身也可以传达信息。

1. 辅助信息传递

文字是信息内容的载体，是记录思想、交流思想、承载语言的图像或符号，而字体则是文字的外在形式特征，是文字的视觉风格表现。合适的字体可以辅助文字，将信息清晰、准确地传递给用户。

2. 表达情感体验

字体的艺术性体现在其完美的外在形式与丰富的内涵之中。在文字信息传递给用户之前，人们首先感受到的是字体带来的视觉魅力以及情感表达。

3. 塑造品牌形象

不同字体有着不同的风格特征。有的字体优美清新、线条流畅；有的字体造型规整、充满张力；还有的字体生动活泼、色彩明快……根据产品的属性选择正确的字体，便能有效地塑造品牌形象。

4. 字体分类

每种字体都有自身独特的气质，选择合适的字体去贴合承载的内容，能够更好地传达信息。字体大体可以分为以下几类，如图 3-66 所示。

中文	黑体	宋体	书法体	圆体	艺术体
英文	Sans Serif（无衬线）	Serif（衬线）	Handwriting（手写体）		

图 3-66　字体分类

（1）黑体 / 无衬线体。英文中的无衬线体与中文中的黑体对应，它们的线条笔直且相对统一，拥有相同的曲率、锐利的转角，笔画简洁明快，充满现代感。黑体字应用如图 3-67 所示。

图 3-67　黑体字应用

1）风格特征。

- 富有现代感、方正简洁、醒目。
- 无明显的情感表达，运用较广泛。

2）适用范围。

- 粗体字醒目突出，适用于画面感强烈，强调信息的用途的内容。
- 细体字精致简洁，适用于女性行业、时尚、科技、餐饮等类型的内容。

（2）宋体 / 衬线体。英文中的衬线体与中文中的宋体对应，笔画有粗细变化，而且一般是横细竖粗，末端有装饰部分（即衬线），点、撇、捺、钩等笔画或字母首尾有尖端。宋体字应用如图 3-68 所示。

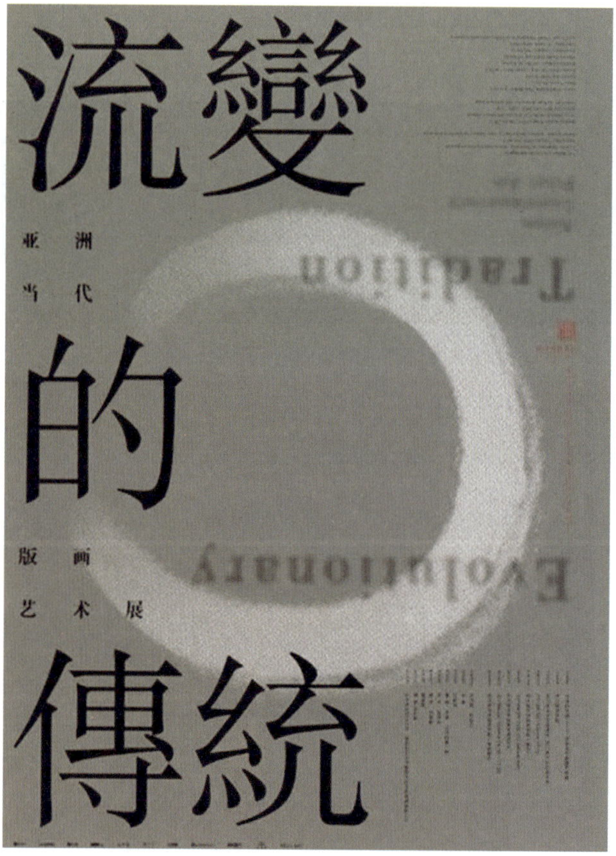

图 3-68　宋体字应用

1）风格特征。

- 拥有洋气的笔触，高雅显格调。
- 具有较强的感情色彩，如历史感、秀气、文质彬彬等气质。
- 富有深厚的文化底蕴。

2）适用范围。

- 粗体字醒目突出，适用于画面感强烈，强调信息的用途的内容。

- 细体字精致典雅，适用于时尚行业、奢侈品、女性行业等类型的内容。
- 适用于文化艺术、餐饮、养生、传统文化、地产等类型的内容。

（3）书法体 / 手写体。英文中的手写体与中文中的书法体对应，书法体就是中国传统书法的书写风格。传统书法有五大种类：行书、草书、隶书、楷书、篆书。

1）风格特征。

- 造型丰富，自由性强。
- 拥有洋洋洒洒的笔触，冲击感强烈。
- 富有强烈的感情色彩。

2）适用范围。

- 不建议作为大篇幅文段使用，一般用于标题性内容。
- 手写体的风格性极强，适合用于制造视觉冲击。

（4）圆体。圆体由黑体演变而来，笔画圆润且粗细统一，没有华丽的装饰，简洁明了。

1）风格特征。

- 富有活力和亲切感。
- 饱满且带有圆润型的边角给人亲和感。

2）适用范围。

- 一般适用于儿童、孕妇行业或气氛活跃、温馨的活动等类型的内容
- 不建议作为大篇幅文段使用。

（5）艺术体。艺术字体是对一个传统的字体进行创意性、特殊化的美化与修饰。常见的艺术体有综艺体、卡通体、涂鸦体、美术体等。

1）风格特征。

- 创造性和独特性较强，感情也较为丰富。
- 使用的局限性较大，很难通用。

2）适用范围。

- 不建议作为大篇幅文段使用，一般用于标题性内容
- 适用于文化艺术、创造性强、特定主题等内容。

5. 字标

除了以上几种字体分类以外，还有一种特殊的字体——字标。

通常我们所说的字体，是由一套完整的字库组成的。比如一套完整的英文字体，它应该包含若干个字符（26 个英文字母、数字、符号），每一个字符都有该字体对应的样式，这样才能组成一个完整的字库。

相对的，字标就是没有完整的字库，只是单独针对几个特定字符进行设计的字体，常用于品牌 Logo、海报标题等。因为设计字标时，不需要考虑与其他字符的统一性，所以设计起来会更加自由。同时，由于其应用场景大多是需要突出、强调的部分，因此在表现上可以更加夸张。

思考与讨论

1．视觉传达设计能够应用在哪些地方？
2．想一想我们生活中，色彩代表特定含义的例子还有哪些？
3．你认为在视觉传达设计中，最重要的部分是什么？
4．请简述中文字体与英文字体的区别。

参考文献

[1] 龙燕，李茹倩，蒋樱．三大构成 [M]．北京：高等教育出版社，2017．

[2] 江严冰．素描 [M]．北京：清华大学出版社，2009．

[3] 常雷．60 幅名画看懂西方美术 [M]．上海：上海人民美术出版社，2015．

[4] 刘媛媛．浅析维米尔《戴珍珠耳环的少女》中的象外之象 [J]．美术大观，2010（6）：52．

[5] 宋春霞．传统坦培拉绘画材料技法研究 [J]．艺术品鉴，2016（4）．

[6] 刘登峰．坦培拉绘画材料演变的启示 [J]．淮南师范学院学报，2008（3）：63-64．

[7] 故宫博物院藏画集委员会．中国历代绘画：故宫博物院藏画集 [M]．北京：人民美术出版社，1986．

[8] 中央美术学院美术史系中国美术史教研室．中国美术简史 [M]．北京：高等教育出版社，1990．

[9] 王伯敏．中国绘画通史 [M]．北京：生活·读书·新知三联书店，1999．

[10] 陈传席．中国山水画史 [M]．天津：天津人民美术出版社，2003．

[11] 余纪．数字化生存中的电影美学 [J]．文艺研究，2001（1）：113-119．

[12] 郝建．《泰坦尼克号》在中国 [J]．电影艺术，1998（4）：19-24．

[13] 刘进．解读奇妙的电影数字特技 [J]．演艺设备与科技，2004（5）：58-61．

[14] 张智华．武侠片观念辨析 [J]．电影艺术，2004（1）：54-56．

[15] 徐欣．电影数字合成技术的创新与实践 [J]．现代电影技术，2005（8）：6-10．

[16] 秦翼．数字技术条件下的中国电影思考 [J]．南京艺术学院学报：音乐与表演版，2005（1）：65-67．

[17] 于国瑞．平面构成 [M]．3 版．北京：清华大学出版社，2019．

[18] 徐时程．立体构成 [M]．3 版．北京：清华大学出版社，2019．

[19] 于国瑞．色彩构成 [M]．3 版．北京：清华大学出版社，2019．

[20] 柯琳．中国音乐史简明教程 [M]．北京：九州出版社，2017．

[21] 梁思成．中国建筑史 [M]．北京：生活·读书·新知三联书店，2011．

[22] 保罗·罗杰斯．设计：50 位最有影响力的世界设计大师 [M]．胡齐放，译．杭州：浙江摄影出版社，2012．

[23] 杰米·利维．决胜 UX[M]．胡越古，译．北京：人民邮电出版社，2016．

[24] 大卫·伍德．国际经典交互设计教程：界面设计 [M]．孔祥富，译．北京：电子工业出版社，2015．

[25] 罗宾·威廉姆斯．写给大家看的设计书 [M]．苏金国，刘亮，译．北京：人民邮电出版社，2009．

后　记

《信息时代美育之道》这本教材从选题，到教材名称的选择，再到具体写作思路和框架的确定，团队成员都做了大量调研。使该教材内容能够更加聚焦计算机相关专业的高职学生，满足这类学生们的审美提升需求，并且指导学生们学会如何在日常生活和学习工作中运用美的设计手法，是此次编写过程的重点所在。

本书在重庆电子工程职业学院教师们的鼎力合作下顺利完成，历时一年，该书作者融合了多个专业领域的教授、讲师，确保了本书的知识丰富性和完整性。此外，本书由校企联合编写，为内容的时效性和应用性提供了保障。

重庆华夏人文艺术研究院、重庆余空航天科技有限公司、重庆无朽科技有限公司等为本书的实例应用提供了大力支持，在此表示感谢！

为了方便学校课堂教学，促进知识传播，使学生学习优秀作品，本教材选用了一些知名网站、公司企业的相关内容，包括图标、图片、图表等作品。为了尊重这些内容所有者的权利，特在此声明，凡在本教材中涉及的版权、著作权、商标权等权益均属于原作品版权人、著作权人、商标权人。

为了维护原作品、原图片相关权益人的权益，编者在参考文献中均详细备注了相关出处，当然，除了参考文献以外，未明确列出来的所用图片或者作品，如来自360个人图书馆的作品，以及包图网、摄图网等素材网站的图片，版权均归属原作品或所有者。在此，衷心感谢所有原作品的相关版权权益人及所属公司对职业教育的大力支持！

如有疑问，可联系编者团队，联系电话：023-65926169。

笔　者

2021年8月